京工岁月稠

——"画报"北理工（1955—1960）

北京理工大学党委宣传部　组织编写

王　征　主　编

吴　楠　副主编

北京理工大学出版社
BEIJING INSTITUTE OF TECHNOLOGY PRESS

前　言

　　1940年，在抗日的烽火中，北京理工大学的前身自然科学院在延安创建，成为中国共产党创建的第一所理工科大学。1949年，在新中国成立前夕，学校跟随党中央迁入北京办学。1952年，学校更名为北京工业学院，进入发展的新阶段，并作为新中国第一所国防工业院校，为保卫新中国、建设新中国做出卓越贡献。1988年，学校更名为北京理工大学。

　　1955年12月30日，学校校报正式发刊，至今已出版发行950余期。半个多世纪以来，校报不仅成为传达上级精神、凝聚师生共识、开展思想政治教育的重要阵地，也记录了一个个北理工砥砺奋进的历史瞬间和一代代北理工人拼搏奋斗的精神风貌，成为学校最生动、最宝贵的文化资源之一。

　　近年来，面向"双一流"建设，学校着力加强大学文化建设。2018年至2019年，校党委宣传部组织力量实施校报数字化工程，完成了700余期老校报的数字化，并建成了"北京理工大学媒体资源中心站"，不仅保护了珍贵的校报资源，还依托网络为师生提供校报资源的检索查询服务，从而为学校文化建设、校史研究提供有力支持，具有重要意义。除此之外，校党委宣传部还实施了学校图片资源数字化工程，构建了数万张规模的校属图片资源库。正是这些历经数年的潜心工作，为本书的编纂奠定了坚实的基础。

　　本书立足1955年至1960年的校报内容，经过认真查找比对，从图片资源库中挑选出一批校报曾刊载过的珍贵历史图片，并辅以当时的文字报道，以"图说"的方式，展示20世纪50年代后半期，学校事业的蓬勃发展和师生良好的精神风貌。全书分为校园发展、教学科研、文化体育、校园生活和时光纪要五个单元。

　　本书的顺利编纂，不仅要感谢档案馆、校史馆对校报资源的悉心保存，更要感谢那些用镜头、文字精心记录学校的前辈们，正是他们的用心记载，为我们留下了宝贵的北理工记忆，更令北理工的精神品格得以承载其中，传承不息。

　　本书在编纂过程中，认真按照校报对图片进行比对注释，并对部分校报文章内容略作删减，以确保符合当前图书出版的要求。回首半个多世纪前的时光岁月，疏漏之处在所难免，还请广大师生、校友和各界读者多多提出宝贵的批评意见。

　　2020年，在北京理工大学建校八十周年之际，希望本书能够为学校文化传承创新提供些许支持，以尽我们这代北理工人的传承之责。

目 录

i

前言

iii

发刊词

P1

校园发展

东皇城根校址 / 2

车道沟校址 / 4

巴沟校址 / 6

P15

教学科研

教书育人 / 16

勤奋学习 / 29

科学研究 / 38

教学生产科研"三结合" / 63

P77
文化体育

体育运动 / 78

国防体育 / 100

文化活动 / 103

P121
校园生活

后勤保障 / 128

建设校园 / 138

校外劳动 / 147

P155
时光纪要

首届办学成就展览会 / 156

苏联专家入校开展工作 / 160

"京工特种民兵师"成立 / 172

1959年，首届校庆隆重举行 / 180

发刊词

1955 年 12 月 30 日　　第 1 期　　第 1 版

　　酝酿已久的校刊，终于和大家见面了，这是多少同志久已期待并经常提出的事。当前正处在社会主义建设和社会主义改造事业已进入一个空前未有的新阶段，在毛主席的全面规划，加强领导的指示下，全国各方面的建设都在迅速的前进，我院同样在苏联专家的帮助和全体教职员工共同努力下，正规化建设也正在迅速的发展。为了适应新的工作需要，为了满足广大教、职、员、工政治生活中的新的要求，校刊就在党委和院领导的决定下创刊了，这应当说是我院在工作中和政治生活中的一件大事。

　　校刊应当是我院党、行政、工会、青年团的机关报，是全院教、职、员、工自己的内部刊物。校刊的任务就是紧密地配合学校的中心任务，反映当前教学改革和三好，结合群众思想和生活进行政治思想教育工作，逐步有力地开展批评与自我批评，向一切不良倾向作斗争。校刊要自上而下地贯彻党的政策指示和行政的各项措施，要自下而上地反映全体教、职、员、工用社会主义觉悟和爱国热情，来迎接、贯彻、完成各项任务的经验和体会，反映我们大家在正规化建设工作中的劳动和创造的精神，逐步使校刊成为我院推动工作，进行政治思想教育的有力武器。

　　完成以上的任务，从现在的力量、经验和我们的思想水平来看，是有一定的限制与困难的，但我们相信在党的领导和我院全体教、职、员、工的共同努力下，大力贯彻全院办报的精神，是可以完成这个光荣的任务的。因此我们要求大家以最大的关怀和爱护，用我们的积极劳动来培育和建设这个思想阵地，所以说要办好校刊，使它具有一定的思想性和战斗性，这就要提出三点要求：

　　一、爱护和关心校刊，及时反映和了解群众对校刊的要求和意见，像关心自己的业务工作一样，积极为校刊组织撰写稿件，以保证校刊与广大群众的密切联系。

　　二、充分运用校刊，把校刊作为指导工作、交流经验、开展批评与自我批评的有力武器。各单位充分注意适当的组织校刊的阅读工作。

　　三、各级党、行政、团、工会组织，应注意运用校刊去推动和改进工作，领导和帮助通讯员，积极动员大家为校刊写稿。

　　同志们！同学们！让我们共同努力，来不断提高我们的社会主义和爱国主义觉悟，不断巩固和发扬我们顽强的创造性的劳动精神，为完成我院社会主义正规化建校任务和培养新型的国防工程师的光荣任务而奋斗！

校园发展

20 世纪 50 年代,伴随着新中国的成立,
学校也进入了全新的规范化发展阶段,
在这个时期学校经历了在京的多校址办学阶段,
逐步完成了由北京城内向西郊的搬迁过渡。

北京工业学院 校报

城内化工系迁至南楼

1959年7月31日　　第187期　　第4版

我院化工系城内部分，正在向巴沟南楼陆续迁移，暑假中，将全部迁完。这样，我院就由原来的三部分——城内皇城根四十号、车道沟、巴沟，最后合而为一了。

东皇城根校址

1949年8月，在新中国即将诞生的时刻，华北大学工学院奉命迁址北平。

进京以后，华大工学院的院部和大学部进驻中法大学，高职部进驻国立北平高级工业学校。

1950年9月，伴随着中法大学的停办，位于北京东皇城根的中法大学教学大楼、部分实验室、大礼堂、图书馆、数理化系和校本部的图书、设备等正式交付华北大学工学院使用。

▲ 1950年至1952年，学校东皇城根校址的教学楼（原中法大学教学楼）及"物理小院"

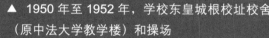

▲ 1950年至1952年，学校东皇城根校址校舍（原中法大学教学楼）和操场

▲ 1950年至1952年，在华北大学工学院时期，学校东皇城根校址大礼堂（原中法大学大礼堂）

车道沟校址

1951年6月5日,北京市人民政府批准华北大学工学院在北京市西郊车道沟购地一百亩建立新校舍。

▲ 1951年在车道沟建设中的延安大楼。这是学校迁入北京后第一次兴建的校舍建筑

▲ 建成后的延安大楼

▲ 车道沟校址校舍建筑

巴沟校址（今中关村校区）

1953年年底，由于在车道沟发现优质煤田，学校另选址海淀区巴沟（现中关村校区）作为新校址，征地近2000亩，随即开始了更大规模的学校建设。广大师生发扬艰苦奋斗、自力更生的革命精神，与工人、技术人员一起投入了热火朝天的建校活动中。1956年，北京工业学院迁入新址办学，经过工程建设者和师生们几年的艰苦劳动，一座现代、庄重、规格大气的大学城出现在海淀西郊。

▶ 建设中的学校主楼

北京工业学院 校报

主楼本学期开始动工修建

1957年10月25日　第60期　第4版

我院主要建筑——主楼，已于本月十七日开工，进行冬季施工，预计明年暑假前将可完成。

主楼共有建筑面积8785平方米，高达25米，4～6层，与南北两翼连成约长300米。第一层为同学自修室，二、三、四、五层均为办公室，其中包括院部所属各科室，党团工会和六个直属教研组，六层为会议、接待之用，内有120平方米的大会议室一个，可供重要的扩大会议之用，也适用于周末之小型舞会。

主楼后面是一南北向的教学楼，高三层，其中有六个150人的合班教室及四个220人的阶梯合班教室，里面光线充足，具有水暖设备，且远离马路，可避免机动车辆的喧闹。

主楼建筑，在精简节约原则下，将力求美观、适用，其东南北三面，考虑到面临京颐公路，将以混水墙做成，门楼也将重点装饰，主楼前面则辟77米×120米的广场，四周加以绿化，致使建成后的主楼将更加壮丽。

◀ 建设中的学校主楼

北京工业学院 校报

学校新景（二）

主 楼

1959年6月17日　　第181期　　第4版

化花　诗　　仁章　图

一只金色的凤凰，
落在西边公路旁，
在阳光下闪闪发光，
五彩缤纷耀眼。

六层楼的科学宫，
高大而又宽敞，
是凤凰的桂冠，
是全院的心脏。

跨金凤鸟瞰四方，
一片绿色的海洋，
千万棵幼苗茁壮地成长，
即将变成建设祖国的栋梁。

跨金凤遨游天上，
抚摩着星星和月亮，
拨开宇宙的帘幕，
发射出智慧的光芒。

金凤凰呀金凤凰，
你有美丽的桂冠和坚强的翅膀，
愿你一日万里地飞翔，
把智慧的种子传播到四面八方。

1959.6.11

◀ 美丽的校园
在主楼顶远眺，一幢幢的楼房就是学生宿舍区
京工画报　1959年7月

北京工业学院 校报

主楼北翼简单介绍

1956年7月18日　第8期　第1版

　　主楼北翼面积为12805平方米,东西长138米,南北长61米,为一四层平顶混合结构,有地下室,水暖、卫生设备。该楼计划容纳低年级班的同学在内上课与进行一般非专业性的实验,楼内一、二层为实验室及该直属教研组的办公室,内有要求严格温度控制的公差技术测定精密实验室,有线路与管路复杂,用电量很大的金相热处理实验室及材料力学与机械原理等实验室,共占使用面积2200余平方米。第三、四层为教室,内包括制图,设计,130人及30人的单合班教室,楼的东西两端有容纳220人的大合班教室8个,全部教室共约有使用面积3800平方米,可容纳3200名学生同时进行上课。

　　现正在进行各实验室的动力线路及外线的设计与敷设工作,定于本月底即能正式交付使用。

▲ 20世纪五六十年代，学校东门主楼建筑群

▲ 主楼北翼建筑（今中关村校区1号教学楼）

校园发展 | 9

20 世纪 50 年代开始建设的巴沟校址，兴建了包括主楼在内的一大批校舍建筑，为学校正规化发展建设奠定坚实的物质基础，也为美丽的北理工校园留下一片具有鲜明时代特色的历史建筑。

1940年3月 自然科学院在延安创建 → 1946年1月 晋察冀边区工业专门学校成立 → 1948年8月 华北大学工学院成立 → 1952年1月1日 华北大学工学院更名为北京工业学院 → 1988年5月11日 北京工业学院更名为北京理工大学

▲ 一号楼（今南门 1 号楼）

▲ 老体育馆建筑（现已拆除）

▲ 二号楼（今 2 号办公楼）

▲ 东操场和教学北路

▲ 建设中的四号楼（今 4 号教学楼）

▲ 校医院建筑（现已拆除）

教学科研

1952年，学校正式更名为北京工业学院，

并受命成为新中国第一所国防工业院校。

此后，学校克服困难，在上级的支持下，

在苏联专家的帮助下，

至1958年建立起新中国第一批兵工专业，

办学规模和实力大大增加，

成为新中国兵工人才培养和科研的领先院校。

教书育人

北京工业学院时期,"为国家培养红色国防工程师",激励着一代代师生时刻准备着为强大国防而努力奋斗,这也是那个时代学校人才培养的核心目标。

▲ 高楼必须有深基,认真学好基础课是掌握专业技术的必要前提。
这是高等数学习题课时,教师让同学在黑板上写积分方程
北京工业学院校报　1958 年 5 月 19 日　第 114 期　第 1 版

▲ 671 教研组的教师们正在编写教材
北京工业学院校报　1950 年 12 月 23 日　第 204 期　1 版

▲ 六系师生在总结生产劳动和科学研究成果,按照辩证唯物主义观点,编写新教材
京工画报　1960 年 5 月

我院的教学

1958年5月19日　　第114期　　第1版

北京工业学院是多科性的五年制工业学院。它的前身是解放前成立的华北大学工学院，它是在党的直接领导下成长起来的，在各个革命阶段培养出许多专业的技术干部。现设有机械、仪器、无线电与化工等系，培养重型机械、内燃机车辆、精密机械、光学仪器、计算机构、无线电与化工等方面的设计与工艺工程师及科学研究人员。

五年的学习，是紧张、艰苦而有趣的。从理论基础知识，到技术基础知识，到专业生产知识。每天都有更新鲜而饶有趣味的事物在吸引着我们，丰富我们的头脑。五年学习，使我们走进了科学技术大门，奠定了献身于祖国的社会主义建设事业及保卫世界和平事业的基础。

五年的学习中，我们将会遇见各种各样的教学方式。从课堂讲授中，我们获得了系统而全面的理论知识；在习题课上，将获得运用理论解决实际问题的初步训练；计算能力也随着所完成的课外作业而增长；在实验课上，不仅培养了实际技能，而且亲自观察了各种科学规律的实际表现。在学校的实习工厂，我们将第一次像一个工人一样，做铸件的砂型，学会使用锉刀与铁锤，操作各种机床来制作零件。而在以后的生产实习中，我们将有机会到工厂里去观察实际生产的情况，并以一个真正的工人或工长的身份去参加生产中的操作。在学习三年后，我们将第一次自己设计一个机器零件，初步掌握设计方法。经过几次设计训练之后，在最后的毕业设计里，我们将像一个真正的工程技术人员，设计一个真正的产品或车间，用来结束我们的五年的学程。

五年的学程是丰富多彩的。同学不仅日益增长着科学知识与技能，在这革命的集体中也将日益提高政治觉悟和思想水平。通过政治理论学习和政治锻炼，将树立起坚定的无产阶级的人生观和世界观。此外，体育课及文体健康方面的各种活动，也为同学们的身体提供了有利的条件，为达到又红又专的全面人才准备好物质基础。

▲ 新学年开始了,师生在认真地教、认真地学

北京工业学院校报　1959年9月11日　第189期　1版

▲ 切削教研组深入贯彻党的教育方针，在实验室进行直观教学
北京工业学院校报　1960年3月30日　第217期　1版

▲ 认真搞好考试工作，实现开门红、满堂红，六系普化教研组教师余从煊（右二）正在为调干学生答疑
北京工业学院校报　1960年1月8日　第207期　1版

◀ 预科教师（右二）在热心辅导学生
北京工业学院校报　1959年4月3日　第172期　3版

巩固掌握知识 争取优良成绩
全院师生积极迎接期终考试

1960年1月8日　　第207期　　第3版

全院师生在欢送1959年之后，积极投入期终考试，决心在教学工作上获得更大的丰收。

最近以来，各系、教研组都分别按照院部关于本学期考试工作的指示，全面安排了期终的考试工作。一方面，结合本学期教学情况，在教研组会上仔细研究、确定各门课程的考试要求，制订了考查试题和评分标准；另一方面，深入班级了解学习情况，制订复习计划，帮助同学们掌握课程内容的系统性，以及重点与关键，有计划、有目的地复习功课。广大教师在学习了党的八届八中全会文件，进一步提高政治觉悟的基础上，大大加强了工作责任感，主动地、热情地指导学生复习。第二系的许多专业课教师经常深入班级，加强辅导和答疑工作，特别对待学习较差的同学和工农调干生，真正做到关怀备至、耐心辅导。数学组的教师们提出：做好考试工作，争取开门红。早在几星期以前，教师们就准备好了复习提纲，加强对学生的考前复习指导，以严肃负责的精神进行考试工作。

全院同学都严肃认真地对待本学期的期终考试，投入考前的复习工作，决心争取优良的成绩。13561班同学在考试前夕，举行了迎接期考的誓师大会。会上，同学们纷纷表示，要鼓足干劲，力争上游，搞好期终考试，把本学期所学的功课进一步系统化、巩固地掌握，以便今后学得更好。62571班团支部为了使班上的同学们进一步认清考试的意义，明确考试的目的，端正考试的态度，在1月2日过了一次组织生活。在组织生活会上，许多同志谈到，虽然本学期课程比较重，考期比较短，但是本学期以来，由于同学们深入学习党的八届八中全会文件，在明确学习目的的基础上进一步发挥了学习的主动性和积极性，各门课程的学习质量都比过去提高。因此，只要鼓足干劲，认真地复习功课，就一定能够考得好。2155级的同学们由于深刻认识到本学期考试的意义，虽然时间紧，又要搞科研，但是同学们都能很好地安排时间，以个人自学为主，互相间进行必要帮助，不仅功课复习得很好，班上的文娱、体育活动都能正常地开展。全班同学决心以"三丰收"的成果达到开门红、满堂红。

◀ 师生在党的领导下,紧密合作,积极考试,争取优良的成绩。这是数学教研组王桀芳教授(右)正在认真地进行数学考试(口试)

▼ 13561班的同学们和教师一起在讨论教学问题,努力提高教学和学习质量

教学科研 | 21

北京工业学院 校报

愉快渡过假期 师生干劲倍增
在新学期争取教学、科研、生产全面丰收

1959年2月20日　　第165期　　第1版

本刊讯：1958—1959学年第二学期从本周开始了。全院师生经过为时两周的休假之后，精力充沛、神采焕发，决心以更大的干劲，在新学期中争取更好更全面的进步。

在新学期开始之前，各系都根据已有的经验，对本学期的各项工作作了初步的安排。化工系在寒假当中，抽出一部分时间，组织全体教学人员，讨论和总结了过去一年贯彻执行党的教育方针所取得的巨大成绩和经验，深入地讨论了本学期如何具体地实行教学、科学研究、生产劳动的有机结合，进一步提高教学质量的问题，并初步提出了各教研组的工作规划。第一机械系的许多教研组在全面安排本学期的教学工作的同时，认真、切实地修订了教学计划，订出新的教学大纲，以便更好地贯彻党的教育方针，培养学生德、智、体全面发展。

广大教师在寒假期中，除安排一定时间好好休息、养精蓄锐之外，还以冲天的干劲，积极做好开学前的准备工作。制图教研组的教师自己编写、刻印出开学所需要的讲义。有机化学教研组教授荣子兴和本组青年教师一起，在寒假中利用原有的实验设备，扩建成一个有机试剂厂，全组教师结合生产实际，编写了有关有机试剂生产的各种工艺规程，以便在新的学期中，更好地结合生产、科学研究进行有机化学的教学工作。无线电系各教研组在开学前，清查和调整了各实验室的实验设备，保证教学、科学研究、生产的需要。

愉快而有意义地渡过了寒假的同学们，更是干劲十足地投入了新的学习，第一机械系各班同学们上课前夕举行了座谈，表示要以更大的步伐，争取以更大的学习、科学研究和生产劳动的成果，向国庆十周年献礼。会上，许多学习小组互相展开热烈的革命竞赛，看谁在这一年中进步得更快更大更好。无线电系许多班的同学，怀着欢欣鼓舞的心情回到学校，纷纷制订或修订自己的红专规划，决心向工农同志学习，在学习岗位上鼓足干劲，力争上游。第三机械系五六级同学在结束了上学期的学习之后，高举着劳动的红旗，来到实习工厂参加生产劳动，更好地把自己培养成又红又专的社会主义建设人才。

认真贯彻党的教育方针
我院基础课教学面貌一新

1959年2月28日　　第166期　　第1版

本刊讯：我院在贯彻执行党的教育方针过程中，积极采取措施，进一步改进基础课的教学工作，使之更加结合专业，联系实际，提高基础课理论水平。

用丰富的生产实践充实教学内容

教学改革以后，在党的领导下，各基础课的教研组纷纷深入工厂、总结实际生产经验，改革教材，编写新的教学资料。"化工原理"教研组曾组织了几十名青年学生和部分教师，访问了十五个工厂、研究机关和使用部门，了解实际生产情况，编写了新的补充教材。像反映现代技术的红外线干燥，过去因为连教师也不充分掌握，所以讲的很少，现在由参加过红外线干燥生产的教师、学生和工人一起，编写了有关红外线干燥理论的教材，开始讲授；对于较大厚度的干燥原理，过去系采用间歇的方法，现在则根据北京喷漆厂一位老工人的实际经验，采用了连续干燥的方法，又快又好。机床课上学期也增加了"蚂蚁啃骨头"、土机床和我国工人创造的新型刀具等内容，从而进一步丰富了教学内容，提高了理论水平。

使基础课的教学紧密结合专业

在教学内容上也作了必要的调整，适当地精简了那些繁琐、重复而又不很重要的内容，增加了联系实际、结合专业的内容。像数学增加了关于导数的应用和变化率概念的建立，物理课增加了有关半导体、超声波和红外线等基础理论知识，各个专业比较普遍地增加了反映现代科学技术的工业电子管和自动调节原理等课程。

为了使基础课的教师比较系统地掌握有关专业的知识，学校规定每星期四下午为基础课教师学习专业的专用时间，为他们开设有关专业课程的讲课或讲座、组织参观有关专业工厂、实验室和陈列室，参阅有关专业资料。并且根据各个专业的不同要求，制订出同一课程的各专业的教学大纲。

例如制图课对于仪器制造专业就着重测绘比较小的精细的机件，对于机械制造专业就偏重于测绘大型的机件。在一般性练习测绘时，在满足教学要求的原则下，也尽量选用专业上的机件作为准样，同学们普遍反映，现在画的是自己专业上用的机件，感到亲切，劲头足，通过画专业机件进一步了解和掌握了专业上的有关知识。

打破旧系统建立新系统

许多基础课由于进一步联系实际，结合专业，或者由于结合生产劳动进行现场教学的需要，已经打破了原来的旧系统，开始逐步建立新的系统。例如，切削刀具和机床课结合，同学在重型机械车间进行现场教学，这里生产劳动的内容和课程的内容，基本上是一致的，但是课程的系统却不能与生产劳动很好的结合。这个教研组就改变过去"切削原理""刀具"和"机床"三部分，分别依次讲授的旧系统，建立以切削加工类型为中心的综合教学的新系统，先讲切削原理的基本部分，然后再把每一加工类型的刀具、机床及其切削原理的特殊规律三者合在一起讲。这样不仅使理论联系了实际，提高了教学质量，而且推动了生产。在基础课的理论教学上，还打破了过去从定义出发，抽象地讲理论脱离实际的教学方法，而是从实际出发，引出问题，再提高到理论来分析、论证。如刀具课程在讲车刀的几何角度时，过去从定义出发，同学们总是听不懂，现在采用先组织学生观察车刀的组成部分、工作情况及切下金属层的形状，在学生有足够的感性认识并了解车刀各个表面和角度的作用之后，再归纳出确切的定义，使同学们学习起来目的明确，富于启发性，而且使同学们知道理论概念或定义，都是客观事物的反映。像讲"切削力"和"切削热"两章时，过去共需12学时，现在只要6学时就够了，并且同学反映比过去易于理解，学得透学得真。

发扬厂校合作精神支援技术革命运动
切削教研组提高教学质量"真刀真枪"进行课程考查

1960年3月21日　　第216期　　第2版

本刊讯：为了进一步贯彻党的教育方针，千方百计提高教学质量，切削教研组已将课程考查改为"真刀真枪"进行，并得到了良好效果。例如，11572班，考查的题目是帮助南口机车车辆配件厂实现刀具标准化。刀具标准化是该厂的重大革新项目。因为不实现标准化，磨刀没有统一规格，刀具损伤率很大；实行刀具标准化后，就可以降低成本，进一步提高生产效率。切削教研组和11572班同学愉快地接受了这项任务。

11572班同学在去工厂前，系统地复习了功课。到工厂后，又在教师的指导下，对刀具的工作过程进行了观察，分析了各种刀具的几何角度和结构。然后，又和工程师、工人同志在一起进行研究，确定了刀具标准化的方案。回校后立即展开紧张的设计工作。

经过两天的劳动，他们已设计出标准化刀具20种，新设计刀具12种，提出合理化建议33条。张福元设计小组所设计的双刃插刀可提高效率一倍，屈全龙设计小组设计的复合刀具，使五道工序变为两道工序，也可大大提高生产效率。

他们不但为工厂完成了一项重要设计任务，而且对切削原理课程进行了全面考查。通过这种方式的考查，使学到的课堂知识变活了，提高了该课程的教学质量。首先，他们的知识掌握得更牢固了。在考察前，他们虽然学完了切削原理课，但对立铣和卧铣，自由切削和非自由切削，一把刀子的主切削刃和副切削刃等概念还没彻底分辨清楚；通过"真刀真枪"的考察，看到了实际的工艺过程，彻底搞懂了这些概念。其次，他们学到了更广泛的知识，实际工作能力也提高了。如过去他们对刀具反装后对刀刃的影响注意不够。这次在设计中，为了加工紧急阀，要设计一把反装的外偏刀，他们对刀具反装以后对角度的影响作了全面分析。同时在设计过程中，全班还参考了30种有关刀具的参考书，大大扩大了知识范围。他们还全面分析了如何满足生产实际和加工要求等一些问题，提高了实际工作能力，为以后的课程设计作了"演习"。

通过"真刀真枪"进行考察，他们深深体会到，只有通过实践，才能验证、巩固和提高书本知识，才能使理论知识学活、学深、学透。他们正在总结这次考察经验，坚持下去，使之更趋完善。

▲ 教师和同学为工厂设计标准化刀具

京工画报 1960年5月

为了适应办学的快速发展,学校采取了一系列措施大力加强师资队伍建设,主要是大量补充新助教,培养研究生;转入一批老教师,发挥骨干作用;实行重点培养,造就学科带头人。

▲ 1958年学校领导在给五年级同学和全体教师讲哲学课

▲ 电工原理教研组长厉宽教授正在积极帮助青年教师提高教学水平
北京工业学院校报　1959年6月8日　第180期　1版

▲ 六系为了不断提高教师的讲课质量,各教研组规定了试讲制度,这是新开课教师王延增在试讲专业课
北京工业学院校报　1959年12月5日　第201期　2版

北京工业学院校报

知识分子最光荣的归宿
无线电系、仪器系教师党支部大会通过马士修、张德齐两同志入党

1957年12月20日　第69期　第1版

本刊讯：12月17日下午，中共仪器系教师党支部和无线电系教师党支部联合举行大会。会上经过认真的讨论之后，一致通过接受仪器系教授马士修同志和无线电系副教授张德齐同志为中共预备党员。党委第一书记魏思文同志，第二书记刘咸一同志出席了这次大会。周副院长、李副院长和王发庆教授、王象复教授、厉宽教授、彭兆元副教授等也应邀出席这次大会。

马士修、张德齐两同志的入党介绍人及党支部的许多党员同志在发言中都谈到，马士修、张德齐两同志都是半生生活在旧社会，但是，他们在自己漫长的曲折的生活道路上，特别是解放以后在党的教育下，认清了这一真理：只有紧紧地跟着共产党走才是最光明最幸福的，加入共产党是知识分子最光荣的归宿。因此，他们坚决要求入党，并以共产党员的标准严格要求自己。经过锻炼和考验，证明这两位同志立场基本上是坚定的，基本上达到了共产党员的标准。

马士修同志兴奋地说："大家同意我入党，这太光荣了。我知道做一个党员要求是很严格的，我还存在许多缺点，我一定在党的教育下，在同志们的帮助下，努力提高自己，做一个名副其实的共产党员。"

张德齐同志激动得语不成声地说："我今后一定努力克服缺点，做一个真正的工人阶级知识分子，做一个名副其实的工人阶级先锋队的光荣战士。"

魏思文同志最后在会上讲了话。他勉励新入党的同志：要从入党的第一天起，就应当想到这是终身的事业，要终身坚持为共产主义奋斗，决不能半途而废。其次，要忠心耿耿地为党工作，全心全意地为共产主义事业奋斗到底！

勤奋学习

北京工业学院 校报

五年学习一瞥

1958年5月19日　　第114期　　第2版

我们的学校是培养又红又专全面发展的工业技术人才的。要求它的毕业生热爱社会主义，热爱自己的专业，并有独立工作的能力，能够理论联系实际地解决生产中的问题。

在三年级以前，要学习好基础课和专业基础课。所谓的基础课就是指高等数学、物理、化学、理论力学、材料力学等。专业基础课是为了以后学习专业课的比较直接的课程。在以后的二年中就着重于专业课的学习。在学习期间内除参加勤工俭学的工业生产外，要进行四次的实习，一次在校内的工厂进行，三次在校外的工厂进行。另外各门课程都配合教学有习题课、大型作业、实验课和课程设计课等。这些都能够有力地培养我们把所学的书本上的理论知识，应用到实际中，培养着独立解决实际问题的能力。其中特别应当提起的就是校外的三次实习。第一次实习叫做认识实习，它使我们对一般的工厂机床设备和生产过程等等有一个初步的感性认识。第二次叫做生产实习，通过实习使我们比较深入地了解工厂的生产组织，使用机器设备情况，并深入地钻研一个或几个问题，把学习的理论加以应用。第三次也是最后的一次，叫做毕业实习，在这次实习中要求我们能够学会独立进行工作的能力。三次实习一次比一次的要求高，特别是毕业实习，要求我们像一个真正的生产领导者一样，有的分配作车间主任，工段长，技术员等职务。在工厂辅导人员的指导下独立参加工作，这时所遇到的问题是各种各样的，要运用已学的知识，机动地解决它。比如我是学机械系专业的，而在遇到的问题中又牵涉到了化工问题和其他专门学科的问题，这时应当怎么办呢？问题就在于如何来运用已学过的知识和具有的工作能力，发动群众，依靠群众，创造性地想办法加以解决。

▲ 同学们在外地生产劳动时，也不忘读书，这是师生夜晚在灯下刻苦学习

京工画报 1959年7月

通过几次的实习能够大大地开阔我们的眼界，接受生产的锻炼，提高阶级觉悟，增加对社会主义事业和专业的热爱，学会依靠工人群众独立地解决生产实际问题的能力。

五年的最后半年是作毕业设计的时间。毕业设计更要求能够创造性地工作，要比较全面地运用学过的专业课知识和五年中学到的其他课的知识。毕业设计应当是五年学习的结晶，并且能够结合国内的具体情况使设计具有最大的现实意义。

能够很好地达到各个学习阶段的要求并不是十分容易的。每个人必须抱着为劳动人民为祖国学习的目的，提高思想觉悟，严格要求自己，有意义地培养自己成为体格健全又红又专全面发展的人。

▶ 电，在现代科学技术上的应用日益广阔，作为一名工程技术干部必须很好地掌握电的知识。这是同学们在做电机实验

京工画报 1959年7月

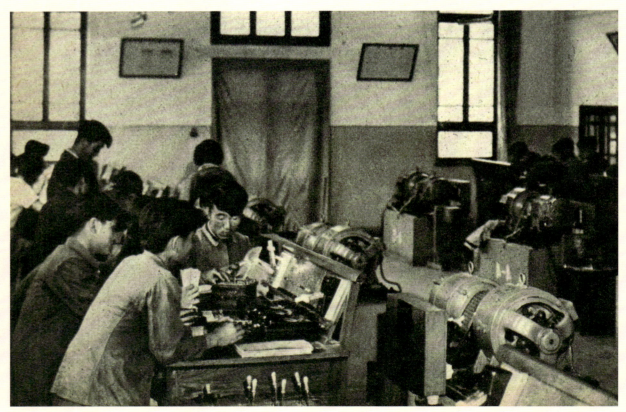

▲ 20世纪50年代，同学们正在认真读书，刻苦钻研科学技术

◀ 全院积极参加政治理论学习，这是马列主义学习小组正在研究毛主席的著作
京工画报 1959年7月

▲ 同学们在认真阅读《毛泽东选集》
北京工业学院校报 1960年3月6日
第214期 3版

▲ 53561班的同学非常重视时事政策学习，这是同学们正在争看《人民日报》

教学科研 | 31

▼ 三系59级女同学组织"三八"毛主席著作学习小组,这是学习小组在研究毛主席著作
北京工业学院校报 1960年3月6日 第214期 3版

深入系统地掌握所学的知识
同学们认真复习功课迎接期考

1959 年 7 月 10 日　　第 184 期　　第 1 版

本刊讯：本学期的教学工作已经进入期末考试阶段，目前，广大师生正在密切合作，深入、系统地复习功课，积极迎接期考。

本学期，我院在继续深入贯彻党的教育方针的基础上，大力改进教学，使基础理论和专业技术课的教学质量有了进一步的提高。从已经考过的部分班级的考试成绩来看，成绩优良的占百分之八十以上，第一机械系三年级三个班在物理课的考试中，有百分之八十二获得了优良成绩。

各系、教研组对本学期的考试工作都非常重视，在作好期末教学工作和下学期开学准备工作的同时，抽出一定人力，负责考试的准备工作。许多教研组由有经验的教师组

▲ 仪器系俄文班的同学们在安静的教室里认真复习功课，迎接期考

成了考试工作组，深入班级了解学生学习情况，向同学们介绍这次考试的要求、做法，加强学生对考试的信心，消除过分紧张情绪。对于各门课程的考签，都按照教学大纲的要求，集体加以制订，每张考签上的题目都包括运算、理论和理论联系实际的能力等方面的内容。并组织主考教师认真学习和领会学校统一制订的评分标准，要求教师评定学生成绩时应严格执行评分标准，防止偏宽偏严现象。在考前复习过程中，教师们也积极地发挥了主导作用，数学、物理等教研组的教师，针对不同年级、不同学习情况的学生，分别采取了不同的方式方法来加强辅导，拟出复习提纲、思考题，

以培养同学们独立思考和解决问题的能力,指导学生全面、系统地复习和掌握课程内容。许多教研组还指定专人,加强对工农调干生和学生干部的辅导、答疑,帮助他们改进学习方法,提高复习效率与质量。

考试前夕,各班都分别举行座谈,进一步明确了考试的目的,端正了考试态度。班上的党、团组织加强了考试期间的政治思想工作,利用政治课的学习,党、团组织生活,教育和引导同学严肃认真地对待考试工作,对少数学习上有困难的同学,帮助他们解除思想顾虑,刻苦钻研,认真复习功课,并在自学的基础上进行适当的互助。为了使同学们更好地复习功课,各班都尽量减少了社会活动和会议,保证同学们有必要的复习时间,和一定的时间来从事文体活动、读报、休息,因而同学们基本上能保持正常的学习秩序,大大减少了突击、开夜车的现象。许多班级的学生干部,在加强对班上考试复习工作的领导的同时,以身作则,和同学们一起认真复习功课。现在,同学们在平时勤奋学习、认真读书的基础上,订立了各门课程的复习计划,循序渐进地踏踏实实地认真复习功课,决心以优良的成绩向党向祖国汇报。

▲ 同学们在外文阅览室内,刻苦研究科学技术知识
北京工业学院校报　1959年7月24日　第186期　3版

诗情画意

校景（五）

1959年7月17日　　第185期　　第4版

化　花/诗　　孛　力/图

薰风吹拂着白杨，
广厦披着金光，
浓荫丛中幽静凉爽，
这里陈列着万卷宝藏。
知识的宝藏，
闪烁着人类智慧的光芒，
知识的海洋，
碧波荡漾、
无限宽广。
年轻的海燕来自四方，
在这里矫健地翱翔，
无穷尽地追逐知识，
无穷尽地吸取力量。

▲ 三系毕业班同学在学习外文,更好地掌握科学技术的最新成就
北京工业学院校报　1959年7月10日　第184期　1版

◀ 5541班同学正在学习俄文
北京工业学院校报　1959年3月28日　第171期　2版

▲ 8567 班同学在认真复习功课，准备考试
北京工业学院校报　1959 年 7 月 21 日
第 186 期　1 版

◀ 六系 56 级的女同学正在做"土计算尺"向三八节献礼
北京工业学院校报　1960 年 3 月 6 日
第 214 期　1 版

◀ 新的一年开始了，在四系工厂参加生产劳动的同学，大搞技术革命，促进生产。这是梁漪玲（左）和许文英同学正在进行非球面镜机械化设备的设计
北京工业学院校报　1960 年 1 月 8 日
第 207 期　1 版

▲ 五系四年级同学正在安装实验设备，提高实验室水平

科学研究

　　从 1958 年到 1960 年，在北京工业学院的历史上，形成了一个"自力更生，高速度攀尖端"的时期，学校师生积极开展科研实践活动，获得的许多科研成果，填补了国家的空白，创造了一批"新中国第一"系列科学成果，一系列的科研项目不仅获得了好的成绩，还服务了国家建设。

▲ 科学研究更好地为社会主义建设服务，六系师生正在生产高级塑料
京工画报　1960 年 5 月

▶ 具有各种精密机床的附属工厂,不仅是师生生产劳动的重要场所,也是教学、科学研究的重要物质条件

京工画报 1960年5月

北京工业学院 校报

我院学术性刊物
—— 北京工业学院学报即将出版

1956年11月19日　　第14期　　第2版

我院自己的学术性刊物——学报,第一期将在本年度十二月份与读者见面,目前所有稿件都已审阅完毕,正在调版及排印中。

第一期学报内容是很丰富的,有科学论文、科学研究报告等共十篇:其中有颜鸣皋先生的"金属加工结构的研究",热工教研组集体研究的报告——"活塞式燃气发生器"等,此外还有根据较优秀的毕业设计改写的论文三篇、科学综述二篇等。

这些作品反映了最近阶段中我院教师们从事科学学术和研究工作的一部分成就,其中有不少作品有一定程度的创造性和有价值的新见解。专业方面有些稿件对生产上也很有实用价值。

在这一期学报中有作品发表的教师还占少数,有不少教师准备在今后陆续发表他们的作品。

第一期学报中青年教师稿件占总篇数的一半以上。

学报的出版,无疑地会鼓励我院的学术风气,鼓励教师们积极从事学术工作和科学研究工作,对科学事业作出更多的贡献。

北京工业学院校报

北京工业学院学报创刊号出版

1957年3月26日　第20期　第3版

发刊词……………………………………魏思文
金属加工结构的研究……………………颜鸣皋
活塞式燃气发生器………………………谢焕章等
晶体位向分析计算图……………………石霖
电路理论的近似性的检查………………郑愈
缩放尺的精度计算………………………樊大钧
菲涅耳半周期带中的一个问题…………张厚政
用形变分配法解刚架的稳定问题………赵旭生
周边支持的薄圆板受沿圆周均匀分布压力的临界值……范元勋
北京工业学院科学研究部出版
北京工业学院印刷厂出售
收成本费 0.80 元

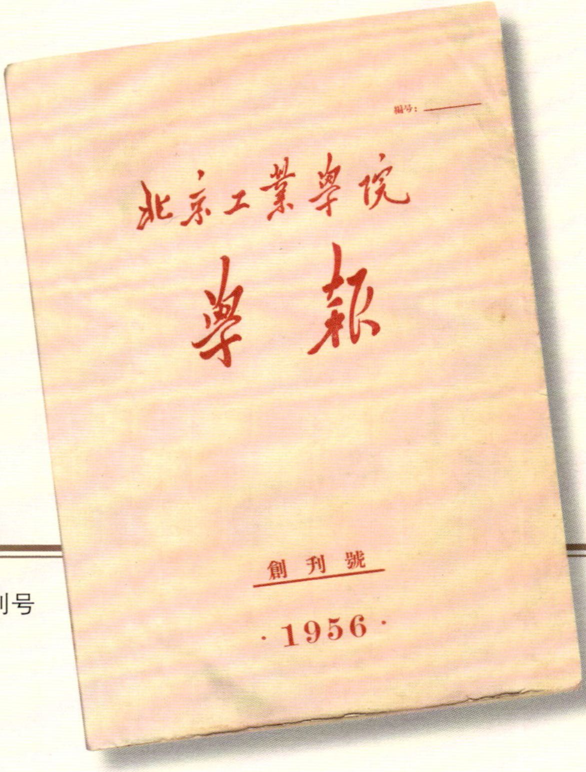

▶ 北京工业学院学报创刊号

1958年7月至9月,学校师生试制的新中国第一台大型天象仪调试成功,国庆节当天在北京天文馆进行了表演。

▲ 北京工业学院研制的大型天象仪
京工画报 1960年5月

北京工业学院 校报

北京电影制片厂
来我院拍摄天象仪

1959年1月16日
第161期　第4版

北京电影制片厂1月12日,来我院拍摄了祖国第一台大型天象仪的制造和安装过程。这部纪录影片不久即将与观众见面。

天象仪制成后,在天文馆共进行13次表演,观众达8000多人,现已表演结束运回我院,待整修后即运往武汉市。

▲ 北京工业学院师生在研制大型天象仪

▶ 四系和附属工厂协作制成了第二台大型天象仪
北京工业学院校报　1952年12月26日
第205期　1版

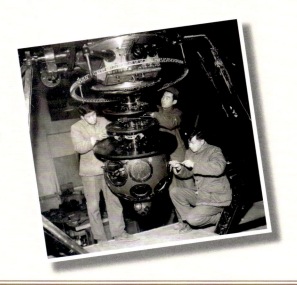

北京工业学院 校报

访问仪器系课外科学研究小组
我国第一台电视发射中心

1956年4月27日　　第4期　　第1版

　　这个电视发射中心就在我们学校里，占地不大，基本上就相当于一个实验室。当我走进去的时候，首先看到的是复杂的线路、真空管和各种电工器材布满了整个房间，几个年轻的小伙子站在强大的发射机后边正在紧张地工作。是的，就是这几个年轻人——我们的同学，是他们，在党和苏联专家的帮助下，用自己的辛勤劳动才取得今天的初步成绩。

　　是去年五月，在苏联专家的建议下，成立了这个课外研究小组，当时有二十多人参加，分"扫描及视频放大器""机械""光学"三个部分分头去搞。后来由于负担很重，不少同学就中途退出，但是也有不少同学抱着对研究工作的无限热情，克服了种种困难，坚持下来了。

　　电视这门知识，在他们正课中并没有学到，从理论到实践都要从头学起。他们几乎每个人都有一本俄文的"电视的技术基础"，另外，经常到图书馆借参考书，现在他们不仅掌握了这门知识的理论基础，而且已经亲手在建设电视发射中心。当然，在这里遇到的困难是很多的，比如，在工作中常常会发现缺少一个零件，而没有它就不能继续进行工作，但这并没有难倒他们——骑上车到处去找。有一个同志为了得到所需要的器材，曾经两次到天津去买。他们用什么时间进行研究呢？自由活动，星期六，整个星期日，……总之，凡是一有课余时间，就把自己沉浸在研究工作里。他们常常工作到深夜，在最紧张的时候，就干脆睡在实验室里。

党和行政的有力支持是他们研究活动的保证。行政知道他们需要什么器材，就马上去买或者设法去借。系里知道他们看俄文参考书困难，就特别组织了一部分力量，为他们的电视技术理论翻译参考资料。苏联专家热情无私的帮助更鼓舞了他们的信心。当专家知道他们在分频的实验中遇到很大困难，就主动地把苏联电气学院的讲义借给他们，结果他们从其中得到很大启示，克服了困难。专家也常常亲自动手去做，为了配一种缺少的零件，也亲自带领同学到各处物色。还有一次，为了帮助同学解决一个问题，在实验室里一直工作到很晚，连饭也没顾得去吃。

　　党的支持和专家的帮助使他们对自己的研究工作信心十足。尤其是当党提出"向科学进军"的号召之后，他们的劲头就更大了。现在，他们给自己提出了更高的要求，要按照苏联的标准装备（原来只要求成为一般的电视发射中心）而且要提前争取在"五四"开始正式发射，他们都在想："再加把劲，让我国第一台电视发射中心早日诞生，为我们学院争光！为我们祖国争光！"

▶ 矗立在主楼顶端的电视信号发射天线

化工系间苯三酚正式大批生产
工业染料三氧化二铬试制成功

1958年3月17日　第92期　第1版

化工系教职员工们在积极开展"双反"运动的同时，也在紧张地进行生产活动。他们正日以继夜地为间苯三酚的工厂生产进行突击设计和施工。在设计和施工中，一开始就贯彻了多、快、好、省的方针，采购员们跑遍了王府井、八面槽、北京电子管厂等地方，找又好又便宜的设备和原料。从教师到技工都劲头十足，一遇到困难，大家都来想办法，例如为了解决过滤问题，梁嘉士和李颜霞两位同志就主动将自己做衣服用的呢料子拿出来作滤布。现在，设备和原料的准备工作已大体就绪，车间技术人员的训练工作也已胜利完成，预计下星期一即可正式投入生产，比原订"五一"开工，提前了一个半月。

另外，无机分析教研组的全体同志，在上星期经过认真的试验，利用间苯三酚的废液制成了工业上用的染料——三氧化二铬，由北京试剂厂初步鉴定，质量和市场上出售的不相上下。

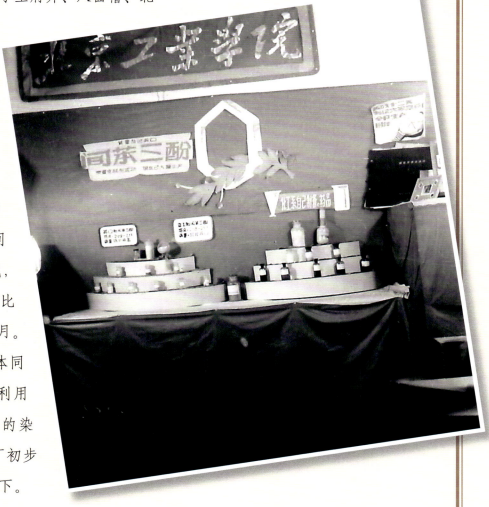

北京工业学院 校报

破除迷信　敢想敢做
化工系筹建我国第一座间苯三酚工厂

1958年6月13日　　第118期　　第1版

本报讯：我国第一座生产间苯三酚的工厂，正在化工系筹建，计划近期建成投入生产。

该系结合教学进行过小量的间苯三酚的生产，很受国内有关单位的欢迎。为了大量供应工业需要，化工系决定筹建一个小型工厂。这个厂将按照多快好省的方针，由该系师生员工自己动手来修建。大部分设备将利用现有设备和土办法代替。整个厂房也是另一个旧实验室来改建的。同学们都说：管它设备如何，只要能生产出好的产品就行。这个厂九月份建成后，它的日产量将由现在的1公斤提高到10公斤，如果按照每公斤400元计算，一年的产值就可达140万元。

这个结合教学进行生产的工厂，对于培养师生的又红又专有着重要作用。许多实验和教学分析将在这里进行，使教学更好地结合国防工业的生产实际。目前已有300多名教师、同学参加了间苯三酚的生产工作。通过实际生产劳动，不仅提高了师生的政治思想水平，也提高了技术业务水平。许多同志说，许多书本上没有的知识在实际生产中学到了。参加工厂设计的毕业生反映，过去做毕业设计只是按照书本上的一些理论，设计出来的东西不管能用不能用。现在经过实际生产使自己的知识与实际相结合起来，提高了自己的独立工作的动力。

在高等学校办工厂，搞生产，在许多人看来想也不敢想，认为像这样一个我国目前尚没有的新工厂，既无现成的设备，又没有专门人才，根本办不到。有的人看到一些简陋的设备时，就说这能搞出什么名堂？但是，化工系的同志思想解放了，不仅敢想也敢做。他们说，只要有人、有党的领导，什么事都能干出来。

没有工程设计图纸，就由毕业班的同学参加实际生产，一边做一边设计，错了就改，不懂就钻，结果很快就把工程图设计出来。这种边生产边设计的图纸，既适合具体情况，又符合多快好省的原则。设备不够，就想办法改装，如原来还原用的玻璃罐子，一个要18元，市场还买不到，于是工人同志就想办法用瓦瓷坛子来代替。开始有些教师认为过去没有用过，这种"土东西"怎能代替实验仪器。但工人们说，不管能用不能用，试试再说。结果质量比玻璃坛子还好，又便宜（每只只要八角钱）又好买。尽管设备不好，但在同志们的实干、苦干、巧干下，间苯三酚的质量超过了国际水平。同志们说：不花钱能做事，土工厂干大事，争取教学、生产、思想三丰收。

听党指挥就能创造奇迹
间苯三酚苦战记

1958年9月24日　　第142期　　第2版

已经八月十五了，扩建后的间苯三酚工厂没出过一克产品，全厂工人都为两百公斤任务焦急着。因为它不单单是经济问题，这是党交给我们的政治任务。随着时间一天天的过去，日产量就一天天的上升，原定十一日投入生产，每月产量十公斤，现在已经提高到十三公斤。

共青团突击日冲破第一道难关

共青团员是党的助手，永远是党的任务的忠实执行者，在困难的面前毫不狐疑地冲到了前列。共青团间苯三酚联合支部向全团发出了号召："全员动员，为完成两百公斤想尽一切办法！""利用短时间解决工厂中关键问题。"九十几名共青团员马上行动起来，工厂再不像往常那样平静，开始了共青团员突击日。

水解是当时最困难的一关，每一缸料沸腾长达二十四小时，加上保温，每克间苯三酚在这一道工序就要停留四十小时。二百公斤的任务将因此而落空。全厂的工人都注视着它，水解工人更为着急。"一定要突破这关，向党代会献礼！"共青团员们都暗暗地下了决心。刚值完夜班的共青团员谢丽卿、李维正带着一夜的疲劳从工厂走到酱油厂，虚心地向老工人学习如何生火加煤。现在能提早一分钟，都是全厂工人的愉快！

党的领导是我们工作胜利的根本保证，当我们困难的时候，党团组织有力地支持了我们，给我们鼓舞和力量。党总支书记孙治管同志，一次又一次下我们工厂，团总支书记刘杰同志不止一次地说过："你们有什么困难尽量提出来，无论人力、物力、财力，只要可能的都给你们办到。"党是力量的源泉，有了党我们还有什么不可克服的呢！党团总支还向全系党团员发出了号召，全系调动一切可以调动的因素支持间苯三酚工厂，大字报、信件成批送进了工厂，这一切更鼓舞了我们，促使我们向困难开火，全厂都沸腾了。

共青团员们把"为完成二百公斤任务想尽一切办法"放到第一位。上班、下班、走路、吃饭甚至连做梦都想到生产中的问题。氧化、还原、水解、过滤、蒸发……各工段都组成了突击队。蒸发车间连夜改建炉灶，使原来一只能沸腾五个盆的炉灶沸腾提高到七盆，提高了效率一倍有余。接着，跃进过滤器、人工保温装置、人工搅拌器、管道输送、抽滤装置、保温缸、冷却房……，都开始了工作。经过了三天的突击，基本上完工了。

土洋结合 苦钻猛干

突击日结束了，但突击任务并没有结束。共青团员永远是事业的突击手。团组织又向大家提出了"时间短，任务重，坚决完成两百公斤，用胜利向党代会献礼"！

困难一个个地克服了。土洋结合的工具，在共青团员的手中不断地出现。胜利给我们带来了愉快，但是肩负的重担还没有减轻，因为十八日仅仅出来了3.3公斤，十九日也只有5公斤。这样的水解速度，这样的效率阻挡着我们完成两百公斤的任务。怎么办呢？我们的窍门是动脑筋、想办法、多实验，大家都为缩短沸腾时间考虑着。共青团员徐耿光等提出来通蒸汽、上下一起加热、加速温度的升高。20日由共青团员冻振华等进行了试验，一炮打响了，沸腾时间由24小时缩短到4小时，我们实现了自己的誓言，用胜利向党代会献礼。加上水解工人的大胆创造，把出料时间由四个半小时缩短到两小时，从此水解效率提高了，每天最少能做出四缸料，保证了本工段半成品的上下接应。

在共青团员面前没有克服不了的困难

生活永远是战斗 一个困难过去了，新的困难又会产生，水解的问题刚解决，蒸发和冷却过滤拖住了后腿。亟待过滤的原液一缸又一缸，所有的大缸小缸都装满了，而过滤车间还不断往这里送原液。没地方装威胁着我们停工，时间已是二十三日，间苯三酚却不到30公斤，就被这最后一道工序拖住了。共青团员绝不甘心让这样的情况长久存在，眼看党代会就要闭幕，用什么献给党呢？有力的回答是"干！干 干！"。当夜全体蒸发工人在一起召开了会议，向党提出了保证，一定完成两百公斤。接着又提出了合理化建议，增加冷却面，提高冷却效率，冷却速度就有效提高，由本来的一班十八桶提高到三十二桶，接着一班赛过一班，冷却效率直线上升，三十六桶，五十二桶……一直到六十二桶。

二十五日，我们的生产走入了正常，这天的重结晶产量达到了生产以来的最高效率，一天出了产品31公斤，31公斤这是我们从来都不敢想象的。记得原来老师和高年级同学设计的新工厂，用五万元钱到上海、宜兴等地买了的耐酸真空泵、陶器氧化器、瓷管等整套设备也只打算每天生产10公斤，而我们用这瓶瓶罐罐生产出每日30公斤的间苯三酚。最高产量还达到37公斤。谁是少慢差费，谁是多快好省，事实是最有力的证明！

锡从何来？

一个困难过去了，新的更大的困难又袭击着我们。就在大家高兴着200公斤的任务可能完成的时候，间苯三酚的重要原料之一——锡的供应出现了问题，没有锡还原缸就得停止工作。我们几乎跑遍了整个北京市，一点也没有找到。从出口公司得到的回答是："锡是出口货，现在国内市场供应困难，不能供给你们。"在被迫的情况下，干部会上做出了停工决定。当时我们的思想是复杂的，党的任务完不成使我们感到惭愧。观潮派、秋后算账派的幸灾乐祸更使我们气愤！我们把情况向党团总支部做了详细汇报，组织上坚持想尽办法不停工，发动大家来解决，炼锡工人知道了这种情况后，展开了激烈的思想斗争。这时党支部书记李泽云同志来到车间和同志们仔细研究，共同商量。党的号召就是我们的誓言，作为一个共青团员能随便地让工厂停工吗？不能！我们要想尽一切办法使工厂继续生产。锡买不到，我们靠炼锡来维持，真是"敢想敢做，想得到就做得到"，炼锡工人把小锅换成了大锅，炼锡量就大大提高，每日20公斤的产量很快就提高到了150公斤，最高纪录达到180公斤，就这样保证了生产的继续进行。当然任务的完成不是轻而易举的，在整个过程中会出现一些你所想不到的困难。炼锡也同样，在我们紧张劳动的时候，大风想阻挠我们，停电也威胁过我们，但是，下雨架起人工天棚，人湿炉子照样旺；停电用手来代替，鼓风机不转采用手风箱，工人的汗水和雨水浸透了全身，白色的锡水随着汗水一锅锅往外流，每一锅都是我们智慧的结晶，每一锅都显示了我们对党的事业的忠诚！就这样，我们在29日提前两天完成了200公斤的任务，31日超额完成了50公斤。我们胜利了，这是党的领导的胜利，社会主义事业的胜利！

重结晶车间开鲜花

在这种一浪掀一浪、后浪赶前浪的形势下，谁也不甘心落后，重结晶车间里又开出了璀璨的鲜花。重结晶工人把自己的命运紧紧地和间苯三酚的质量联系在一起，从他们的表情中你能看出今天的产品情况。虽然经过几次实验的失败，出现了这样的现象：用我们的条件不能生产白色的间苯三酚。但是，年轻的人们不甘心这一点，他们决心从自己手中出奇迹，30日晚上，真的奇迹出现了。重结晶工人杨秉横将一盒雪白的间苯三酚送到了大家面前，这确实是奇迹，这是破除迷信、敢想敢干的结果！它使间苯三酚的质量赶上了世界水平！

理论出于实践

大一同学编著最先进的"间苯三酚制造学"。

我们的间苯三酚戒本还高，降低成本的主要关键就是将锡还原改为铁还原。这一实验在我们工厂的实验室中多次重复着，虽然产量提高了许多，但总不能令人满意，因此没有投入生产。锡的供应发生了问题后，间苯三酚工厂党支部决定突击铁还原。工作开始了，当时的困难是很多的，技术上的困难、设备上的困难、思想上的障碍重重叠叠，搅拌没有搅拌器，因为所有的金属都和盐酸反应、保温无法加热、盐酸的纯度浓度不够、马达没有、产量又那么低、……但这些不能阻挡我们，这时党及时地教育了大家，不要迷信书本、文献，想怎么做就怎么做。有党的支持，我们的劲头就更足了，铁还原工人朱锡均等连夜突击了三天，搅拌器可以在铁器外包上耐酸橡胶，盐酸浓度不够可以增加量，这样问题一个个减少了，但保温的问题还没有解决，300立升的大罐加上保温套用什么来加热呢？在实际的困难面前，共青团员们异想天开了，"能不能不保温呢？"李文霄等大胆地提出了疑问，但是马上得到了反对 有位老师说："保温是有机反应完善关键，不能取消。"我们是些没有学过有机化学的人，理论掌握得很少，但我们相信实践，因此决定进行试验。一次优异的结果还没有击破迷信、保守思想，经过这次试验把有机化学的产率从书本上的46%～57%提高到70.8%，但是这位老师又说："仅仅一次不能说明问题，这样的产量不稳定。"为了更有力的证实，第二次试验把产率提高到了80%，事实胜于雄辩。真正的知识来源于实践，既然不保温能提高产量，那么能不能降温呢？成功、胜利往往从困难、失败、斗争中取得。再一次的实践，把产率提高到84.3%。惊人的成绩把我们引出了书本，文献的记载已成了历史的事实，新的记载让我们来写成，在事实面前，保守、落后、迷信倒下去了，那位老讲师在我们要写"间苯三酚制造学"时说："现在我懂得了，真正的知识是靠实践，有的人教了多年书，不见得知道多少，总结理论一定要靠实际参加生产的工人。"

我们的工厂就这样一个胜利接着一个胜利地跟上了进步的时代，同志们的干劲捅破了天。氧化工人在"一切为了出料"的口号下把出料的时间从45分钟缩短到4分钟，把氧化率超出了文献上的最高记载82%；还原工人提出了"每天不让还原缸休息一分钟"。每个人都兢兢业业为党的事业工作着。为完成200公斤多做点事，多出些主意成了每个人的愿望，彼此间掀起了你比我，我比你，赶先进争先进的群众性劳动竞赛,把生产从高潮推向更高潮!

光荣归于党

怎么会取得这样的成绩呢?我们的体会是:

党的正确领导,在困难的时候给干部支持,给群众力量。

开始在我们工厂有这样一个习惯,生产上发生问题马上找老师,只有发现思想问题才找组织。而八月我们生产遇到了困难,干部和同学对200公斤发生了动摇,这时老师也束手无策了。而党团组织决心非常大,一定要完成200公斤任务,一公斤也不能少,从思想上和具体问题上给我们大力支持,尤其是给我们思想上的武装,使我们能够冲破一切困难。水解要通气,团总支书记亲自给我们借来了蒸汽锅炉,我们缺马达,他又到处给我们借。生产中一个个问题的解决,都没有离开党。从此,工厂中发生什么样的问题都先找党团组织了。

凡事和群众商量,发挥群众的干劲。

七月份为了完成了135公斤的任务,想增加一台氧化机,因为安装机器对于同学来说是从来没有干过的事情,生产管理委员会只能依靠技工来完成,结果到7月29日才安上。而8月份从二台增加到四台,在技工协助下,同学们亲自动手,仅两天时间就完成了。同学们看到这种情况后说:"要是七月份由大家来做,就不会完不成任务了!"

现在,全厂同志在八月份的胜利基础上,展开了九月份的全面赶超。半月内,我们要完成300公斤生产任务,将铁还原应用到生产上,并要提高效率为70%,使质量超过世界最好产品德国的E.M.K,使我们不但完成生产任务,而且还要建立以间苯三酚为中心的化工联合企业。现已建立了活性炭厂、氢氧化氨厂,正在筹备着盐酸厂、硫酸亚铁厂、氯化高铁厂。开办了服务态度超过天桥的卫星商店。我们的"间苯三酚制造学"即将写作完成。同学们还雄心勃勃地创造了新中国大学生积极参加劳动,自觉改造自己成为又红又专的工人阶级知识分子的小说:"成长"。我们要以更大的胜利向党、向"十一"献礼!

1958.9.15

京工画报 1960年5月

► 一系工厂正在成批生产师生试制成功的三线、五线动力应变仪，供应全国各地需要，这是一种教学、科学研究工作中广泛使用的高级仪器

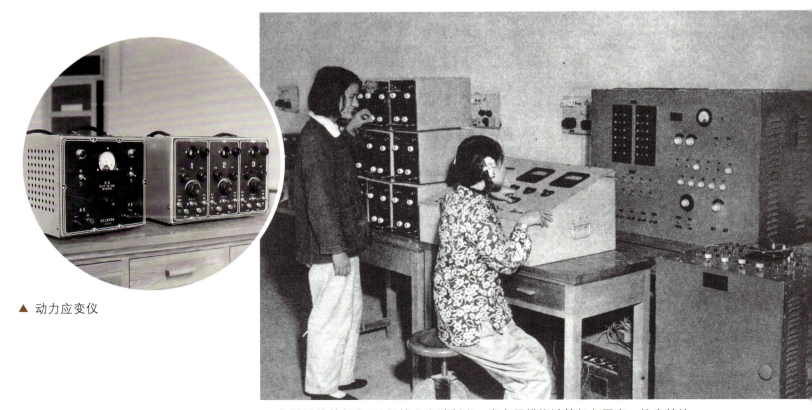

▲ 动力应变仪

▲ 仪器系的教师和54级毕业生试制出一台电子模拟计算机向国庆、校庆献礼

▲ 五系师生大搞尖端仪器设备，制成的平板式同轴测量仪、微波小功率计等新产品

▶ 六系物化组实验室正在向自动化、连续化、遥控化发展，这是教师在用新的方法进行实验

北京工业学院 校报

卫星牌照相机的诞生

1958年5月19日　　第114期　　第4版

照相机是过去一向依靠国外进口的精密光学机械仪器，它的设计和制造是相当复杂的。但是，我院仪器系在两个月的时间内，试制成功卫星牌照相机。

照相机的全部零件共有230余种，零件的尺寸小，形状复杂，而且大部分是冲压件，有的是压铸件，用一般的机械加工方法是不能解决的。但是如果每个零件都作模具就最少需要半年的时间，这对于单件生产的试制工作来讲，无论从经济上时间上都是不允许的。为了解决这些问题，曾经想尽各种方法，千方百计地进行试验。例如照相机壳体是最复杂的压铸件，开始准备利用蜡模铸造（精密铸造），也曾经请求研究机关协助，但是都没有成功。最后还是利用铣削和钳工修整的方法来解决的。照相机各种零件的精确程度要求是很高的，例如快慢门零件的形状和尺寸，稍有不合适，装配以后就无法正常运动，也就无法控制曝光时间。这些困难动摇不了同志们的信心，在短期内试制成功了。它的特点是小巧精致、经济、方便。它的质量（像质、机构精密度和可靠性）达到了国际水平。

▲ 仪器系试制成功的卫星牌照相机，在进行了有关准备工作之后，即将正式投入生产。这是该系青年技工们正在生产该照相机的零件

▲ 电工教研组的青年教师们，正在进行新型电动发动机的科学研究

北京工业学院校报　1959年12月14日　第202期　2版

立下雄心大志　勇攀科学高峰
三系科学研究向高、精、尖挺进

1959年12月26日　第205期　第4版

本刊讯：立下雄心大志、勇攀科学高峰，已经成为三系广大师生的行动口号。这个系在开展群众性的科学研究运动的基础上，大搞尖端技术的科学研究，已经取得了很好的成绩。

从今年五月份开始，该系二组就和有关工厂、科学研究所进行了发动机废气涡轮增压的科学研究。经过半年来的辛勤劳动，建成了完整的气源、增压气试验台和涡轮试验台，设计、试制出废气涡轮增压器，并对A-6增压器进行了全面深入的研究，已经取得了初步结果。废气涡轮增压是柴油机制造中的一项尖端技术，一般柴油机采用了废气涡轮增压，不要太大的改装就可以将功率提高百分之三十到五十，而每马力小时耗油量则可降低百分之五到百分之十。目前我国的动力机械有百分之五十是柴油机，如果能在短时期内掌握此项尖端技术，将大大有利于国民经济建设。

该系在去年大搞科研运动中，还设计出两种自由活塞动力装置，已经投入试制。一个是热工教研组和53、54级部分同学共同设计的自由活塞柴油压气机，它用于自由活塞空气机车上。另一个是二组和53、54级部分同学共同设计的自由活塞发气机，它和燃气轮组合使用于汽车、拖拉机、船舶等运输机械或者用来发电。这两种自由活塞动力装置，都已分别在沈阳机车工厂和吉林柴油机厂进行试制。其中自由活塞空气机车上的动力装置已经开始组装。这种新型的内燃机车效率高（达20%）马力大（140匹马力）不用电力传动，可以节省一套电机和电动机。它不仅结构简单、造价低，而且可以改造现有的蒸汽机车。如果这种机车试制成功，将为加速我国铁道运转牵引动力的内燃化，打开一条多快好省的道路。

三系热工组还结合上述研究，设计和试制出一种气动式高压燃油泵，经过两次试验，效果良好，目前，已在进一步修改后于本月初组装完毕，开始在进行试验。这种气动高压燃油泵，是自由活塞发动机合理的燃油供油系统。它同样具有造价低、性能好等优点，是目前生产实际中急需解决的一项技术。

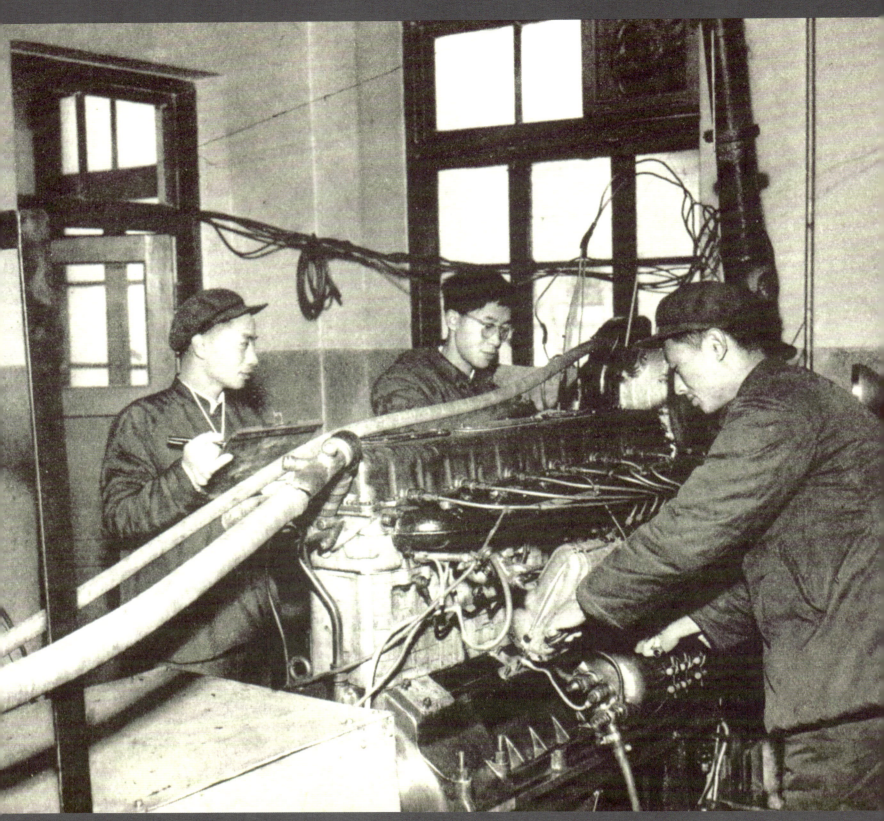
▲ 三系二组教师和有关工厂的技术员在一起进行发动机涡轮增压科学研究
北京工业学院校报 1959年11月28日 第200期 1版

要坚持不断地提高学术水平

1959年11月14日　第198期　第2版

我们教研组有30%以上是刚毕业不久的青年助教，是刚刚踏上奔向先进科学技术征途的新兵。同时，我组专业方面科学技术的发展，也仅仅是在解放后几年内，在党的领导和关怀下才开始成长，基础也是薄弱的。因此摆在我们面前的任务是要在一穷二白的空地上，建成先进科学技术的高楼大厦，这是一项光荣而艰巨的任务，因而对我们年青的教研组提出了很高的要求，特别是党委提出"我院要成为国内先进的教学和科研的基地"的明确要求后，更促使我们每一个同志鼓足干劲，在最短期间内赶上世界科学技术水平的奋斗决心。我们教研组根据党的指示，在五八年科研工作的基础上，展开了五个新的学科的研究工作，并且确定了每个教师教学与科研的专业钻研方向，组织教师参加各项科研活动，安排外语学习，展开学术活动，组织教师下实验室亲自动手操作。这些措施已获得一定效果，使教研组的教师水平有了很大提高，教研组的学术风气也正不断加强。我们相信，只要很好地抓住这几方面，教研组的教学科研水平一定会很快提高的。下面就分别介绍一下我们的作法和初步经验：

一、确定专业方向，人人参加科研

要提高教学质量和学术水平，很重要的一条是提高人的水平。这也正是每个教师迫切的愿望。但要发挥每个同志的积极性，同时要从教研组全面来考虑，有组织有计划地配备人力全面提高教研组的水平，必须首先帮助每个同志确定教学和科研的专业钻研方

▲ 三系一组教师们正在进行多速液力传动科学研究的学术报告

向。每个人有了方向 目的明确，就有了奔头，就会主动地去找资料，利用时间去钻研。我组在确定每个人的专业方向后，同志们的钻研劲头都很大，有的同志在一个月中买了10多元有关的专业书，有些同志一有空即去翻杂志，关心专业新书出版等。这些都说明了确实调动起同志们的积极性，将会加速教研组学术上落后面貌的改变。

教师参加科研是培养教师的一个有力的手段，通过科研工作，教师理论水平、实际经验和理论联系实际的工作方法均会得到全面提高。我组教师结合专业方向，人人参加了科研工作，根据个人时间、条件不同有机地分工合作地组织起来，做到各尽所能各得其所。两个多月来翻译了科研资料仅液力传动就有十五篇以上，在向十一献礼工作中涌现科研综合报告、论文等共12篇，这充分表现了人人搞科研的成绩。专业设计课教学质量的显著提高也是一个鲜明的例证。

二、开展经常性的学术交流活动

为了扩大知识，交流心得与经验，活跃学术研究气氛，教研组决定星期三下午固定作为学术活动时间，并有专人领寻与组织这项活动。

学术交流活动开展以来得到全组热烈支持，并且大家商定：（1）出差参加科学技术会议或参加合作科研项目的同志 回校后有责任向全教研组作技术方面的工作汇报；（2）组内科研论文或报告发表前，首先在教研组报告与通过；（3）自己有一些心得和见解主动提出交流。学术活动开展后，很多同志主动地热情地要求自己来报告或提供报告题目的线索，到目前为止我们活动从未间断过，已经举行了七次科学技术报告会，学术交流的内容随着科研和教学的深入，也愈来愈丰富。

三、决心坚持外文学习

迅速提高教师学术水平的另一重要问题，是掌握外文工具。我组一般教师俄文阅读、翻译均感困难，其它外文尤其乏人，而目前主要专业参考书籍、杂志均为外文，不懂外文就很大程度地限制了我们对世界先进技术的了解和掌握，限制了我们科研和教学水平的提高。根据这种情况，教研组下了很大决心，确定每天早晨八点以前为学习外文时间。除掉绝大部分同志学习俄文外，还有一部分同志根据专业技术发展的需要，学习英文、德文、日文。在学习中，结合阅读、翻译专业资料和校对俄文参考书的译稿，既提高了教师俄文阅读能力，又扩大专业知识，并为教研组积累了资料。目前，大部分同志已经由不懂俄文，到目前每小时能阅读、翻译一页俄文的水平了。

四、组织教师动手搞试验

在提高教师水平的方法上，我们提出理论研究和动手搞试验相结合，坚持理论联系实际的作风。所有科研性的试验，强调教师亲自动手，从试验台的调整、安装、试验到试验的组织和记录，教师都亲自参加，遇到困难就和技工、实验员一起，想办法解决。例如，空气悬挂问题，三个青年教师和技工同志一起，想办法、动脑筋，终于克服了困难，在设备不完备的试验台上，做出了精确的试验来。这样，教师普遍感到扩大和丰富了实际知识，更牢固地掌握了理论，并从试验的结果和产生的问题分析中，进一步丰富与发展了理论，也锻炼和培养了独立地进行实际工作的能力。

北京工业学院校报

三系第一教研组各项工作蓬勃展开
以教学、科研全面进步硕果迎接元旦

1959年10月23日　　第195期　　第2版

"奋战一年，成为全院先进教研组之一""奋战三年，力争成为全国先进教研组之一"，这是三系第一教研组在三年规划中提出的奋斗目标。这学期一开始，该教研组在八届八中全会精神鼓舞下，各项工作蓬蓬勃勃地开展起来了。前些时候，他们向国庆、校庆献了厚礼。10月18日，这个教研组又开会，提出了包括50个项目的元旦献礼计划。全组教师干劲倍增，决心以教学、科研双丰收的硕果迎接1960年。

这学期，三系一组新开了六门选修课，都是由新教师讲授的。开始时，教学质量不高，党小组及时地团结全组教师想办法，通过提前写好讲稿，进行预讲等措施，大大地提高了新教师的讲课质量。他们的教材，全是这学期新编的，是根据去年和今年上半年科研成果写成的。此外，这学期教研组还充实了教学实物和各种挂图。为了给同学们提供良好的学习条件，教师们亲自动手整顿陈列室、实验室。如张洪图、王东华、汪明德三位老师清洗设备、粉刷墙壁、油漆模型，使陈列室焕然一新。魏宸官老师主动地给同学们编写了一本包括课程内容、教学进度、实验、作业、学习方法等内容的"学

习手册"，受到同学们欢迎，已在全系推广。

三系一组的科研工作也是进展很快的。全组教师100%参加了科研，取得了很大成绩，到国庆前已写出九篇论文。他们为四方机车厂设计的"液力变矩器"，经实验证明，设计已达到先进水平，效率达到了85%。这个产品的试制成功，是机械传动的一个革命。该组教师在铁道部的协助下，有决心取得最后的胜利。三系一组还注意了将科研成果及时运用到教学中去。国庆前他们写出了20篇教学经验总结，通过科学研究，一方面丰富了教材内容，同时也提高了教师的教学和学术水平，对教学起了直接的推动作用。

▲ 青年教师郑慕侨正在指导55级同学结合课程设计，为生产部门设计液力传动装置

以厚礼迎接元旦

最近几天，这个教研组连续开了四次鼓干劲、争上游的会议，会上通过了向元旦献礼的详细计划。在几次会议上，教师们情绪一次比一次高涨，献礼指标也一次比一次先进。他们的献礼有如下四方面，共计五十个项目。

教学上的献礼项目有十个。其中包括编写二百五十万字的四门主课的教材。现在这个教材已有一门写完，一门将完，另一门完成了三分之一。在这些教材中，总结了以往的科研成果，质量较高，将在元旦前铅印出版。教学上另外一些献礼项目，是完成六种车辆的零件图册和分析验算手册。还写出一套教学文件，翻译两本新的专业教科书。系、院和市委献礼，其中向市委献礼的有六件实物、七篇论文。

这个组的献礼项目还包括实验室的建设。元旦前要使现有的八项设备更加完善，并新建九个实验室，他们的目标是："争取三年内使实验室成为有关专业的科研试制中心"。

现在，教研组对这些工作都作了详细的安排。教师们的干劲都很足，十月十八日全组大会以后，教师们纷纷表决心，提合理化建议，主动要求任务。他们的口号是："一组苦战两月半，又多又好把礼献，力争先进教研组，团结一心加油干。"在三系"鼓干劲，争上游，向元旦献礼誓师大会"上，魏院长赞扬与鼓励了三系一组的献礼计划和教师们的干劲。现在，全组围绕元旦献礼掀起了一个轰轰烈烈的工作热潮，他们有决心、有信心实现献礼计划，以教学、科研的全面进步跨进更大进步的1960年。

▲ 第三机械系师生正在为青岛四方机车厂设计液力传动装置
京工画报 1959年7月

▲ 我国第一辆大型液力传动内燃机车"卫星号"

▲ 学校领导参观三系师生试制的磁带录返式程序控制车床
北京工业学院校报 1960 年 4 月 20 日 第 220 期 1 版

▲ 20 世纪 50 年代，实习工厂将牛头刨改为牛头铣，提高效率三至五倍。这是工人们正在操作这台机器

教学生产科研"三结合"

1958年6月,学校党委提出"要把学校变成教学、生产劳动和科学研究密切结合的'三联基地'",正式把生产劳动引入教学计划,同时将院实习工厂扩充为附属工厂,先后办起10个系和处的工厂。学生分批分期在校内外进行生产劳动,结合实际生产进行毕业设计。

▲ 同学们在工厂进行生产劳动

北京工业学院 校报

把教学改革进行到底

1958年11月28日　　第152期　　第1版

社论

按着党的教育方针,我们反复进行了和进行着教学改革,经过几次轰轰烈烈的群众性的勤工俭学、大办工厂、大搞科研等,我院已逐步成为共产主义的教学、生产和科研的联合基地,而且在沿着共产主义方向以锐不可当之势飞速发展。学校也是工厂,学生也是工人,爱好劳动成了风气,生产劳动,提高了教学质量,彻底地推动了科学研究,更重要的是大大提高了学生们的阶级觉悟。师生关系、同学关系都在变化。有的学生说:"过去是知识分子和知识分子之间的关系,而今天有了生产者和生产者之间的关系。"说明学生由过去脱离生产的单纯培养的对象变为结合生产进行学习的生产者了。这一切是有目共睹的事实。高等学校的教学生产和科研联合基地上正展开一幅在党的领导下实现教育改革的壮丽图景,每个高等学校都要变成一座锻炼共产主义新人的熔炉。教学改革的经验证明:最近几个月的教学改革仅仅是在方向上有了个良好而且十分重要的开始,使得教学继续改革有了一定的物质基础和思想基础。但是，教育与生产劳动脱离的方针，在旧社会里执行了几千年，深入人们的思想意识的深处。今天我们要彻底地破旧立新，按着党的教育方针，安排好教学的各个方面，绝非一朝一夕之功，而是一个长期的复杂的而尖锐的斗争。

　　今天仍有一部分人对教学改革存在着不同程度的观望、怀疑、抵触、甚至对抗情绪。另外，在贯彻党的教育方针，建立新高等学校的教学体系，全面地组织新的教学工作中，我们也缺乏足够的具体的经验。例如怎样具体安排教学和生产的内容、方式和组织，怎样安排基础课和专业课的关系，怎样在不同专业不同课程中发挥教师和学生在教学中的作用等等。这也告诉我们，这些经验要我们在变革的实践中去摸索、积累经验和推广。这也需要有一个工作过程和时间。

　　贯彻党的教育方针实现教学改革，热爱生产劳动的风气已在广大群众中形成了，认识了劳动是人生第一要素，认为劳动是光荣的。作为教育工作者工作对象的学生，他们的意识形态和学习方式也在迅速地变化着。因此，教学内容和方法必须相应地变化。客观形势也在飞速前进，我们的教学内容、方法不随着相应地变化，就将成为陈腐和落后的东西了。我院师生大搞科研，在科学理论技术方面取得了极大成就，同时研究工作中有些理论技术问题还有待于我们探索和阐述。如果教学内容反映不了这些成果和要求，便有负于我们的教学职责。从这几方面看来，教学改革势在必行，这是客观上的要求，并不是出于我们的主观愿望。对于教学改革持有怀疑犹豫态度的应马上转变急起直追。

▲ 同学们在教师指导下结合生产劳动，进行现场教学
京工画报　1959 年 7 月

▲ 以教学为主，教学、科研、生产劳动三结合，大大提高了教学质量，这是师生在一起，结合专业教学，进行科学研究
京工画报　1959 年 7 月

京工画报　1959年7月

▲ 切削教研组教师和学生结合课程考察，为工厂设计标准化刀具

▲ 三系四年级同学在教师指导下，结合课程设计，为生产部门解决重大技术关键问题

◀ 和工人同志结合，学习工人阶级的优秀品质，增强工人阶级的情感，同学们正在和老工人一起研究生产技术问题

▲ 同学们结合炼钢生产，在进行钢的成分分析化验的直观教学，为今后理论学习创造条件

▲ 贯彻党领导下的"三结合"，切削教研组的教师和学生、工人在一起讨论、研究教学问题

教学科研 ｜ 65

把专业教学与科学研究合而为一
无线电系试行"三结合"的教学法

1958年12月19日　　第157期　　第2版

本刊讯：我院无线电系在教学工作中试行了一种教学法，把专业教学和科学研究、生产劳动合而为一，边学边做边研究，形成了一个有机的整体，相互促进，全面进步。

几个月来，无线电系在大办工厂、开展群众性的科学研究中，取得了很大的成绩，先后完成的科学研究项目和试制成功的新产品，有七十多项，根据科学研究的成果和生产经验，还系统地写出了很多份技术总结、科学论文，大大地充实和丰富了教材内容，提高了专业教学的水平。但在具体工作中也出现了一些新问题，比如专业教学与科学研究怎样结合，使其互相促进，而不致抓住这点顾不了那点；在时间上、人力上如何保证全面进步。本学期，他们把专业教学和科学研究、生产劳动合而为一，实行单科循环教学。其具体做法是：从四年级开始学习专业起，根据应学的三门专业课，把学生分成三个班，每班各学一门课程，同时进行有关这门课程的科学研究，四个月轮换一次。在时间安排上，从四年级到毕业大约有21个月的时间，其中用12个月的时间学完三门专业课并相应地完成有关科学研究；再用2个月的时间结合总结三门课的教学和科研，学完这个专业的总体课程，而全部科学研究也基本完成，然后下厂去实习一个月，最后用6个月的时间，结合毕业设计集中进行科学研究。整个教学、科研的实验、试制乃至生产的过程，也就是师生参加实际生产劳动的过程。

▲ 贯彻教学、科研、生产劳动三结合，无线电系的师生积极开展科学研究活动，这是科研小组正在做彩色电视机的研究工作
京工画报　1959年7月

实践证明，把专业教学与科学研究合而为一的做法，有很多优点。首先，提高了专业教学的质量，提高了学生的实际工作能力。例如，同学们在学习"发射"这门课时，就进行有关发射问题的科学研究，学的是发射机，做的也是发射机，同学们不仅学的知识掌握得很牢固，而且学过就用。许多师生通过实际的实验、试制，除了掌握了理论知识，还开始懂得了在进行一次设计工作中如何寻找参考资料，如何分析问题，如何组织实验、安装等实际工作。

其次，由于师生边学边做、边学边用，成天在一起搞试验搞生产，增进了彼此间的了解，做到了教学相长。过去教师讲完课就走，也不管学生听懂与否，现在不行了，因为要动手做，要解决科研中的问题，教师不仅要认真把学生教好，而且自己也要既会讲又会做。学生通过对科研方案的讨论、设计，对于所学的课程，哪些是关键问题，哪些是难点，讲课之前就基本掌握，师生普遍反映：教和学都做到心中有底，积极主动。

实行这种教学法的显著成效，还在于具体地解决了教学与科学研究在时间、人力和设备上存在的矛盾。因为现在的各个教学环节，如实验、课程设计、习题课、答疑等等，同时也就是科学研究的设计、计算、实验等过程，有关科学研究的试制、安装也就是生产劳动，等于把三道工序变成一道工序，不仅大大节约了设备费用，而且师生可以教学、科研、生产劳动兼顾，过去这个系在教学期间只有百分之四的教师和学生能够搞科学研究，而现在大约有百分之四十参加了科学研究工作。过去的科学研究时间只占到百分之十左右，现在提高到五分之三，师生日常的政治活动、文化生活、体育锻炼、休息也都得到了保证。

▲ 1958年，为大力支持首都工业建设，无线电系积极开展勤工俭学。这是参加勤工俭学的同学们正在安装他们试制成功的新产品阴极射线示波器，供应有关部门的需要

▲ 20世纪50年代，同学们在教师的指导下结合教学开展课外科学研究活动

北京工业学院 校报

尊师爱徒共同勤俭生产
院内举行师徒见面大会

1958年3月7日　　第87期　　第3版

我院首批到实习工厂试行勤工俭学的同学于3月2日下午和老师傅们举行见面大会。

会上首先由实习工厂副主任介绍工厂的设备和生产情况。机工、钳工的几位工人同志也在会上讲了话。师傅们说：我们实习工厂的工人们决心大、干劲足，我们坚决以实际行动来贯彻勤俭生产，并尽最大努力帮助同学们搞好勤工俭学活动，把我们所掌握的技术无保留地教给同学们。同学代表在会上表示：在今后的劳动中，一定虚心学习老师傅们的优秀品质和技术，一定遵守劳动纪律，爱护机器、原料，做个好徒弟。

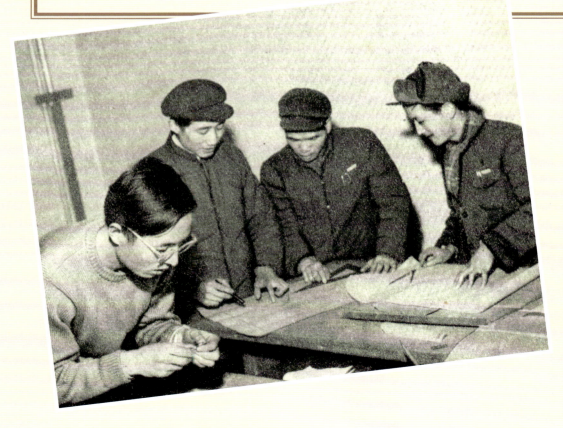

◀ 切削教研组师生和工厂协作，帮助工厂总结和推广先进技术，这是师生正在测绘圆弧齿轮滚刀图册
京工画报　1960年5月

▲ 20世纪50年代，同学们在自办的应变仪工厂内劳动

◀ 广大师生以高涨的热情，积极投入技术革新，这是同学们在工厂大搞技术革新
京工画报 1960年5月

结合生产做工艺设计好得很

1960年4月8日　　第218期　　第2版

要迅速提高课程设计的质量，关键在于很好地贯彻党的教育方针。这是我们这次指导41专业56级工艺设计中最深刻的体会。

以前的工艺课程设计，老师出几个题目，有的用的是几年前的设计题目，只是纸上谈兵。因为同学参加实际生产劳动比较少，设计中有的连工序、工步也分不清，设计出的钻床夹具没有钻模板。由于题目不结合生产实际，设计中碰到很多具体问题都无法解决，设计出来的东西究竟能不能在生产中应用，同学、教师都没有把握，所以课程设计质量一直不能得到迅速的提高。

贯彻了党的"教育为无产阶级政治服务、教育与生产劳动相结合"的教育方针后，不仅毕业设计真刀真枪进行，课程设计也结合生产真刀真枪进行。这次41专业56级同学的工艺课程设计就是在工厂中结合生产任务和革新项目进行的。工厂变成了大教室，在这个教室里同学们学到了广阔的实际知识，为设计提供了最丰富的题材。在工厂里，指导设计的除了老师，还有经验丰富的工人、工艺师和设计师。设计前，同学们参加了一个多月的劳动，懂得了不少生产实际知识，设计中考虑问题比以前切实细致。设计速度大大提高；同时又因为设计题目是真刀真枪，任务明确，条件具体，同学们干劲大，责任心强，一丝不苟，三番五次修改设计方案。所以通过这次课程设计，同学们普遍反映收获很大，工厂也很满意。同学们说："这样设计很好，既为工厂解决问题，又能学到实际知识。"这次设计质量空前提高，如原41564班全班42人经过同工厂技术人员答辩后，有38人获得优良成绩，没有不及格的，设计的方案全部留厂准备使用。

从以上事实中，可以得出一个结论：只有积极认真贯彻党的教育方针，教育质量才能迅速提高。

▲ 20世纪50年代,学生和炊事员结合大搞炊具机械化。这是同学们正在讨论设计方案

工业方面勤工俭学的情况

1958年5月19日　　第114期　　第3版

我院实习工厂收容了500多人（包括16个班级，每班平均35人）参加工业方面的劳动。他们每星期去厂劳动一次，一次劳动七小时。在劳动中同学们都干劲十足，不怕脏不怕累，尊敬师傅，虚心向工厂学习。不到一个月的时间，学徒们就会独立工作，并且废品率也从开始的30%降到3%，甚至完全没有废品。同学们把工厂当成了自己的家，在厂内搞决心园、黑板报，在劳动现场开辩论会和进行各种文艺活动。在每天劳动结束时，学徒们总是征求师傅们的意见。而师傅们不但对每一个同学都热心、细心、耐心的辅导，而且牺牲了他们假期和休息时间辅导徒弟。对于同学的思想进步，师傅们也很关心，他们经常直爽地批评同学工作上的缺点，每天给做出思想鉴定。同学们对自我改造有较高的自觉性，有学习工人阶级优秀品质的决心。这是在生产上获得良好成绩的主要因素。

同学们由于参加了勤工俭学活动，在思想面貌上的变化也是很大的。

▲ 思想、教学、生产三丰收，这是化工系同学参加勤工俭学一个多月来的亲身体会。图为化工系同学结合教学在进行间苯三酚的生产

发扬工作艰苦生活朴素勤俭办学的光荣传统

无线电系：利用旧废料自制实验设备　　图书馆：严格采购制度大力修补破书

实习工厂：实行"三检"制度，提高产品质量

1959年7月10日　　第184期　　第4版

本刊讯：为贯彻增产节约的原则，我院正大力发扬工作艰苦、生活朴素、勤俭办学的光荣传统。

无线电系党总支自从建立新专业、扩建实验室以来，就始终坚持增产节约的原则，经常向师生员工进行增产节约、勤俭办学的思想教育，发动师生、实验员亲自动手，充分利用旧废料安装实验设备。在"少花钱多办事"的思想指导下，师、生、实验员结合，充分利用了由校外工厂清理仓库时购买来的旧废料和自己仓库内的废旧零件，利用课外时间安装了需用高额资金在市场上才能买到的发射机等实验设备。目前这个系内的所有实验室内的设备，除掉极其精密的仪器需要

▲ 无线电系师生利用废料安装教学用的发射机

由国外订货外，其他绝大部分设备是自己安装的。最近党强调提出增产节约的号召后，这个系的师生进一步发扬了我院勤俭办学的光荣传统，新扩建的971、973实验室全部设备都是学生结合毕业设计和老师、实验员一起安装的，现在他们已把一批废发射机的机架，改装成实验用的发射机。

用旧废材料安装实验设备好处很多。首先是节约了大量国家开支，而且实验装备特别实用，有利于教学。去年他们计划买一架发射机要三万元左右，这台发射机有固定功率，不适合教学之用，

但师生自己动手用废零件安装成同样性质的发射机，不仅没花多少钱，而且适用于教学。其次是通过实际的安装活动锻炼了师生的实际工作能力。通过真刀真枪的实际锻炼，提高了教学质量。现在在实验内很多同学拿着自己设计的图纸，在精心地安装着各种设备。这样使设计理论紧密联系了实际。

图书馆贯彻勤俭办馆方针，严格采购制度，自己修补破旧书。

过去图书馆在采购图书时，往往是几个人考虑个购买计划就去买，结果购买了很多有关纺织、建筑、铁路方面的书籍，根本不是我院所需要的，造成了浪费和资金积压现象。最近他们严格了采购制度，购买书籍时，作出购买计划后，一定同有关用书单位商讨，经过院负责同志批准后才买。由于严格了购书制度，减少了不必要书籍的采购，已节约3万多元。

在严格采购制度的同时，工作人员还自己动手修补破书。截至目前，出纳组已修好四千三百四十多本，期刊组修补好三千余册，为国家节约了大量资金。采编组采取废物利用，用旧卡片代替新卡片，已为国家节约了1000多元。

▲ 仪器系实验员在师生自己动手制造的研磨机上操作

实习工厂开展增产节约以来，在党组织领导下，实行"三检"制度，大大地提高了产品质量。今年开始时由于检验制度不健全，人员又少，因此废次品较多，党组织针对这种情况，加强了增产节约，提高产品质量的思想教育，同时采取了积极措施，举行了一次废品展览会，实行了"三检"制度。制度规定每完成一个工件的一定工序时，必须自己先检查一次，对照图纸测量后，再交组长检查，组长认为合格后，由检查人员最后审定，认为合格即打上合格品码，工作者才能继续加工。各道工序间的检查制度也加强了。这样做的结果，废品率显著下降，产品质量大大提高。

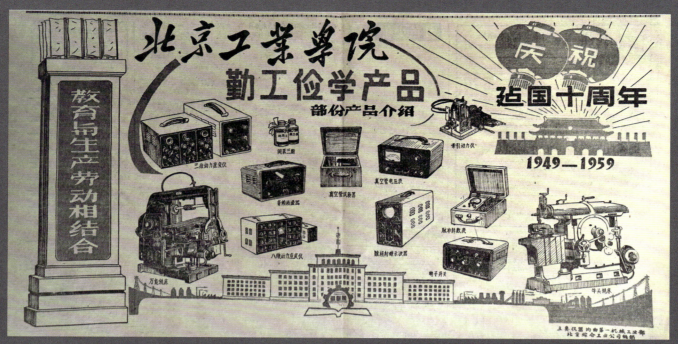

▲ 北京工业学院——勤工俭学
人民日报 1959年10月5日 7版

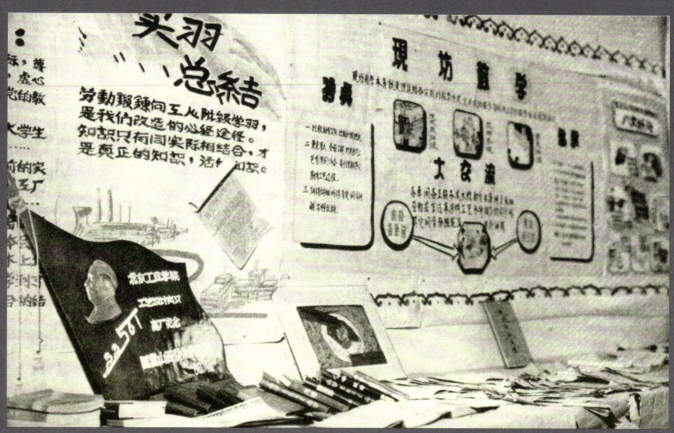

▲ 我院部分四年级同学下厂实习期间，结合课程设计、工艺实习，积极参加工厂的技术革新，完成了530多项技术革新，获得了技术、生产、思想三丰收。这是三系举办的技术革新丰收展览会的一角
京工画报 1960年5月

文化体育

北京工业学院时期,学校的办学逐步规范化,

在开展教学、科研、生产劳动的同时,

丰富多彩的校园文化生活也蓬勃开展起来,

学生的综合素质得到全面培养和发展。

北京工业学院时期，学校建有一批高水平的学生文化体育社团，学生组建的管乐队、民乐队、舞蹈队、话剧社、京剧社和京工通讯社等文化社团，在校内外均有较大影响，足球、篮球、排球、长跑、举重、体操、冰球等体育运动广泛开展，在北京市屡屡夺冠。

作为一所国防工业院校，学校充分发挥自身特色，组织学生学习军事技能，并组建了特种民兵师。在国防背景下，学校积极开展摩托车运动，摩托车代表队更是斩获全国冠军。

在那激情燃烧的岁月里，学校师生们在学习、工作、生活中处处闪现着为实现共产主义远大理想而奋斗的火热豪情。

体育运动

北京工业学院 校报

我院日前举行了春季运动会

1956年5月15日　　第5期　　第1版

本刊讯：我院春季运动会已于4月26日一天在第二校舍大操场举行。运动会从上午八时开始，有600余名运动员参加。许多教师、职工和同学也观看了运动会的各项竞赛。

由于本学期学校伍育运动的大办开展，本届运动会的成绩，较之往年提高不少，打破本院记录的有37项，接近本市戉绩的有9项。现将参加运动会的各单位成绩公布于下：

第一名：仪器系——178分；

第二名：第一系——163分；

第三名：第三系——112分；

第四名：第二系——101分；

第五名：化工系——100分；

第六名：俄专——99分；

第七名：工会——43分。

院系领导干部参加各项运动比赛

1958年11月14日　第150期　第1版

本刊讯：我院钟声体协第二届运动会于本月九日在大操场举行。这次运动会取得了很好的成绩，为今后教职工中广泛开展体育运动打下了良好的基础。

近年来，教职工中的体育活动日益开展，广大群众参加体育锻炼的积极性很高，有百分之九十以上的教职工参加了这次运动会，并作了广播体操的表演，参加各项正式比赛的运动员达七百余人，占在校人数的三分之二。其中有体育活动积极分子，也有第一次上运动场的新手；有青年教师、职工，也有白发苍苍的老教师；特别是各级领导干部以身作则，积极参加了运动会，李副院长、周副院长、高副院长和大部分系的领导干部，都参加了比赛。这次运动会充分显示了广大教职工积极参加体育锻炼的热潮，再一次证明了开展体育运动甚至参加运动会并不是很神秘很困难的事，事实粉碎了那种强调困难，教职工中不好开展体育活动的谣言。

在这次运动会上，广大运动员表现出良好的体育道德作风，始终精神饱满、顽强战斗，彼此间团结互助，观摩学习，因而技术水平都有一定程度的提高。钟声体协已经选拔了在这次运动会上表现较优秀的运动员，作为教职工代表队出席即将召开的全院第八届运动大会。目前，运动员们正在积极锻炼，决心在运动会上创造出良好的成绩。

北京工业学院 校报

我院召开第八届运动大会
百公尺高栏等十项破院纪录

1958年11月21日　　第151期　　第1版

在群众性体育运动蓬勃开展的基础上，我院于本月15、16两日举行了"京工第八届田径运动大会"。这是我院有史以来规模最大的一次运动会，参加的单位有钟声体协、速中和七个系。比赛的项目28个，有895名运动员参加了比赛。

大会期间，党委书记魏思文、刘雪初、尚英等同志，亲临大会作了重要指示：要求全院同志通过运动会，认真地总结经验，在继续普及体育运动的同时，更加刻苦锻炼，大力提高单项的运动成绩，提高我院的体育水平，向全国纪录、世界纪录进军，为明年的全国运动会打下良好基础。由于明确了比赛的目的，因而运动员个个干劲冲天，表现了高度的共产主义体育道德作风。各项成绩普遍提高，19人打破了10项院纪录。这次大会不仅检阅了我院一年来的体育运动的成绩，同时也给今后的体育运动打下了良好的基础。很多运动员表示在今后的体育活动中更要鼓足干劲，力争上游，把我院的体育运动推向更高潮。

文化体育 | 81

我院春季运动会胜利闭幕
十六名运动员刷新十二项院纪录

1959年5月16日　　第178期　　第4版

本刊讯：我院1959年春季运动大会已于十日召开，运动员们以出色的成绩，显示了我院的运动水平，在党的领导和关怀下，有了迅速的提高。

十日上午八时，来自九个单位的运动健儿，高举红旗，迈着整齐有力的步伐进入会场，举行了开幕式。魏思文院长、尚英副院长、刘雪初书记等院领导同志参加了大会，并观看了部分项目的比赛。

虽然那天气候不好，时而刮风下着小雨，但是运动员们个个干劲冲天，创造了出色的成绩，共有16人打破了十二项院纪录。其中男子项目有：100公尺，冯学义（13566）成绩是11秒3、祝兆来（12572）成绩是11秒4。1500公尺，阎博英（9562）成绩是4分24秒2、刘风山（12561）成绩是4分26秒。5000公尺，李福连（9551）成绩是16分21秒8、李德佐（3571）成绩是16分23秒4。铅球，孟凡尉（1566）成绩是10米43。撑竿跳高，袁正（3571）成绩是3米35。五公里竞走，苏继富（仪器系）成绩是24分13秒6，吴本兴（8571）成绩是25分5秒8，王桂秋（13566）成绩是26分11秒6。十公里竞走，苏继富成绩49分58秒8、吴本兴（8571）成绩是50分17秒8。200公尺低栏，常庆芝（8563）成绩是27秒6。女子项目有：200公尺，李万萍成绩是29秒4。400公尺，张荣林（8566）成绩是1分7秒6。800公尺，李不凡（2561）成绩是2分34秒8、张荣林成绩是2分36秒2。80公尺低栏，骆文仪（7551）成绩是14秒4。在这次运动会上，田径：男子组第一名无线电系，第二名仪器系，第三名三系。女子组第一名化工系，第二名一系，第三名无线电系。举重：第一名一系，第二名二系，第三名化工系。射击：第一名三系，第二名仪器系，第三名二系。报务：第一名预科，第二名一系，第三名无线电系。

在当天的闭幕会上，尚副院长代表党委和行政向运动员们所取得的成绩表示祝贺，并且勉励全体同志要继续虚心学习，勤学苦练，不断提高运动水平，带动广大师生员工，积极开展群众性的业余体育活动，增强体质，更好地工作、学习。

学先进，奋起更大进步

1959年5月9日　　第177期　　第4版

在红五月的开始，刚刚欢庆过"五一"和"五四"佳节的一个下午，集训大队召开全体队员大会，尚副院长，团委会张培同志及体育教研组老师，都出席了大会。

在会上，首先公布了十四名青年积极分子的名单，并公开表扬了13位优秀的同志，大家用热烈的掌声向他们表示祝贺。

接着大队党支书罗绍奎同志讲了前一阶段集训情况。首先他提到，在集训过程中，队内涌现出了许多优秀的同志，他们在练习、学习、工作各方面，都有较突出的表现，通过这次评选，将进一步掀起学先进、赶先进的高潮，把集训任务完成得更好。

随后他提到了半年集训以来，所取得的成绩：

田径取得十公里竞走冠军，越野跑男子第三，女子第二，及"五四"火炬接力赛四十六个强队中的第三名；

男排、女排保持不败纪录，分获小组冠军；

女子垒球队是新生的队，但打出了水平，在取得小组冠军后正有信心地去夺取冠军；棒球队也一直不败，正力争冠军；

▲ 尚副院长与运动员们在一起合影

足球队有信心夺取亚军,力夺冠军,打败最后两个对手;

女篮已打败了强敌清华等队,再一努力,冠军在望;男篮已取得前三名;

摩托队是北京市冠军。

总之,各个队都在党的领导下,通过全体队员的苦干、巧干,体育运动水平有了提高,取得了很大成绩,支队部希望大家戒骄戒躁,要看到我们的成绩跟党的要求还差得很远,今后各队应尽最大努力,争取更好的名次,为院争取更大的光荣。

尚副院长在会上作了指示,他号召运动员们戒骄戒躁,虚心学习,勤学苦练,不断提高运动技术水平,争取创造更大更好的成绩,迎接我院第一次校庆和国庆十周年。尚副院长还谆谆教导运动员们要加强思想改造,把自己锻炼成为又红又专的运动员,为学院为祖国争光。

北京工业学院 校报

球场上佳音频传高校球类联赛我院节节获胜

1959年3月28日　　第171期　　第4版

本刊讯:男、女篮球队和足球队在本次高校联赛中,从开始到现在的几次比赛中一直表现了勇敢顽强,斗志越战越强,技术有了显著的提高,因此这几次比赛节节获胜。男篮胜师院(86∶64)、水利(85∶38),女篮胜师院(28∶19)、水利(70∶30),足球胜铁道学院(4∶0)。

◀ 参加1959年北京市高等院校学生田径运动大会的我院代表队

文化体育

▲ "人人上操场，天天都锻炼，健康地为祖国工作五十年"成为全院同学的行动口号

◀ 竞走运动是广大师生喜爱的运动项目之一，20世纪50年代末，全院有大批优秀的竞走运动员并出现了两名运动健将

▶ 我院中长跑队在1958年冬季高校越野赛中，男女队分别获得第三、第二名。这是正在举行的男子5000米竞赛

▶ 获得1958年摩托公路越野赛团体总分第一的三名运动员

▲ 北京工业学院摩托车运动在全国是开展得较早的,这是运动员们在进行公路驾驶

◀ 射击运动对于国防建设具有重要意义,射击运动员们正在练习立射

京工画报 1959年7月

▲ 我院体操队曾在1958年高校等级赛中获乙组第一名,全队都已达到二级运动员标准。这是运动员在做自由体操

▶ 无线电报务俱乐部的运动员们,正在进行野外收发报实习

文化体育 | 87

▲ 我院男子篮球队是市乙级联赛的第二名。这是正在和黑龙江省代表队进行友谊比赛

◀ 我院男子排球队是市甲级队，曾分别获得1958年高校三好杯和市乙级联赛的冠军。这是紧张竞赛中的一个场面

京工画报　1959年7月

◀ 我院足球队和八一足球队友谊比赛的一个场面

▲ 我院足球队是市甲级队。这是全体队员比赛后合影

▲ 获得1958年高校三好杯赛亚军的女子排球队正在练习

▶ 我院女子篮球队有着飞快的进步，20世纪50年代末，已跃为市甲级队，在1959年市乙级联赛中获得亚军。这是正在比赛的一个场面

文化体育 | 89

▶ 学院体育代表队在首都高校运动会上

▲ 足球队在进行紧张的比赛

▶ 田径代表队的运动员们在刻苦锻炼,决心创造优秀的成绩

京工画报 1960年5月

▲ 双人体操

▲ 女子短跑选手孙寓兰在进行 200 米低栏比赛

◀ 吊环比赛

第一届全国运动会
我院有三名运动员参加全运会

1959 年 9 月 11 日　　第 189 期　　第 4 版

第一届全运会即将召开了。在北京代表队的行列里有我院的三名运动员,他们是苏继富、李志广、丁乃铎。你想了解他们的情况吗?让我来介绍一下吧。

运动健将苏继富

苏继富是 41552 班学生,共青团员,练习长跑已有几年历史,但没有突出成绩。58 年他选择了更为适合身体条件的锻炼项目——竞走。

一年来,由于他顽强锻炼,虚心学习,进步很快。今年 3 月,他的 20 公里竞走以 1 小时 47 分 14 秒的成绩达到了运动健将标准;最近在上海、北京等七单位的田径对抗赛中,他又荣获冠军。这次全运会上,他决心以优异成绩向党献礼。

摩托冠军李志广

李志广是我院二系学生,预备党员,曾经两次荣获北京市摩托车公路环行和越野赛的冠军。这次全运会他将参加 50 公里公路越野和 100 公里公路环行两个项目。

自去年四月参加首都摩托集训队以来,一直刻苦锻炼,不管是寒风凛冽的冬天,也不管是赤日炎炎的夏天,每天都是驾驶着摩托从八大处跑到十三陵,或从长辛店飞驰玉泉山。最近,他不但每天坚持五小时的摩托练习,而且还参加两小时的全面训练,并革新技术、改装车身,决心以出色的成绩来为首都争光。

射击能手丁乃铎

在西郊靶场上,北京射击队的选手们每天都在专心致志地练习,其中有一位刚满 20 岁的优秀射击手,他就是我院 4571 班学生、共青团员丁乃铎。他在中学时就爱好射击,练习小口径步枪,去年参加北京集训队才开始练习手枪 50 公尺慢射,现在已射到 520 环,达到了一级运动员水平。他决心争取优良成绩。

北京工业学院 校报

积极开展冬季冰上运动
我院冰球代表队成立

1958 年 1 月 31 日　　第 80 期　　第 3 版

入冬以来,我院广大冰上运动爱好者,积极地开展了各项冰上运动。许多师生在紧张的工作和学习之后,来到了体育馆左侧冰场,穿上冰鞋,开始了一项很有意思的冬季运动——滑冰。

为了进一步吸引和组织广大师生积极参加冰上运动,以增进同志们的健康,最近还成立了由 12 人组成的冰球代表队,他们除了准备有计划地进行一些正规练习外,为了交流经验,向兄弟球队学习,最近分别与人大、北大等校的冰球队进行了友谊比赛。

▲ 体育教师正在热心地指导同学们怎样滑冰
北京工业学院校报 1959年1月16日
第116期 4版

◀ 到冰上去！入冬以来，许多冰上运动爱好者，迎着寒风，开始了极为有益的滑冰运动。这是同学们兴高采烈地在我院人工冰场上时缓时速地滑驰着
北京工业学院校报 1959年1月16日
第116期 4版

◀ 20世纪50年代，在昆明湖的天然游泳场里，同学们正在开展游泳运动

▶ 国家青年乒乓球队来我院做精彩表演，这是庄则栋（右）正在稳接对方的猛烈扣杀
北京工业学院校报　1959年1月24日　第162期　1版

体育简讯

1959年6月8日　　第180期　　第4版

北京市第四届工人体育运动大会预计在本月13、14两日举行。北京市教育工会于五月二十四日在师范大学召开高校教工体育运动会。会上通过选拔，产生了出席北京市第四届工人体育运动大会的北京高校教工代表队，我院有八名教职工被选为代表队队员，他们是：

赵景元、靳连生、张凡强、牛振忠（举重）、王藏珍（自行车）、冯美珠（女）、芦碧瑜（田径）。最近在我院举行的西郊高等院校举重赛，我院以总成绩25分获得第一名。

参加这次举重比赛的共有清华、北大、铁道等六个兄弟院校。清华大学、铁道学院分别获得这次举重赛的第二、第三名。

▲ 我院举重队员在比赛中

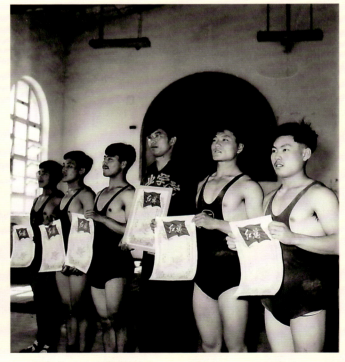

▲ 我院举重队员雄壮列队

北京工业学院 校报

冰球队赴清华等校

1959年1月16日　　第161期　　第4版

为了进一步提高我院冰上运动的水平，更好地开展冬季冰上运动，促进师生身体健康，我院冰球队连日来分赴清华、北大等处与兄弟球队进行友谊比赛。

北京工业学院 校报

积极开展冬季体育活动
工会举行球类选拔赛

1958年12月13日　　第156期　　第4版

为积极开展教职工的冬季体育活动，钟声体协从本月份开始，组织了篮球、足球和乒乓球选拔赛。目前，各部门内部的球类循环赛已进行完毕，从本周起，各部门将选出代表队，展开各部门之间的联赛。通过这次比赛，将进一步提高教职工中各种球类运动的水平，并相应地选出工会系统的各种球类的代表队。

体育浪潮滚滚来

1959 年 12 月 19 日　　第 203 期　　第 3 版

最近，我系掀起了以长跑为中心的冬季锻炼高潮，全系开展了北京－福建前线的象征性长跑，围绕长跑还积极展开劳卫制锻炼。与此同时，配合大学生体协展开通讯比赛和北京－莫斯科象征性长跑。有些年级和班级还举行了篮球冠军赛。这样，改变了过去体育开展不平衡的情况。开学初，功课较重的 56 级和科研很忙的 55 级同学很少锻炼，现在基本上做到了人人都锻炼，天天上操场。配合体育锻炼，我们进行了宣传工作，及时反映了系内体育动态，向大家介绍体育卫生常识，进一步推动了体育活动的开展。

▲ 课间休息的时候，学生们走出教室，进行着多种多样的体育活动

全院掀起了体育锻炼热潮

1959年12月19日　第203期　第4版

本刊讯：最近以来，我院体育锻炼显得更为活跃，每天下午，操场上千军万马，呈现一派生气勃勃的景象，从系到班，从各教研组到各单位，掀起了群众性体育锻炼高潮。

各系、各班召开了体育锻炼大会，鼓起了大家的锻炼热情，使大家进一步明确了锻炼的重要意义，因而积极性自觉性大大提高。很多系都开展了"高速跨进60年""跑向莫斯科"等象征性长跑活动，有力地推动了体育活动的开展。各班体育干部也切实地抓起了这项工作，采取一些措施加强了领导，组织了早晨、课间、课外锻炼。如53561班，由于同学们思想明确，干部抓得紧，虽然他们功课很紧，但体育锻炼搞得相当出色，每天早晨坚持十五分钟锻炼，课间做两遍操，保证了一星期有三次课外锻炼和组织一次校外越野赛。团委会和学生会决定在全院组织3000、1500、800公尺长跑、竞走和通讯等项比赛的消息传开后，同学们热烈响应，决心在比赛中夺红旗、当标兵。

在这锻炼高潮中，教职工同志们也不甘落后，直属教研组、二系、七系等单位的教职工积极参加中长跑、课间操、乒乓球等项活动。本月10日，院钟声体协举行了广播大会，全院教职工同志们，决心在体育上来一个大进步。

国防体育

北京工业学院 校报

我院国防体育俱乐部成立

1956年4月27日 第4期 第1版

根据领导指示为满足广大同学和青年教职工的要求，我院于3月17日成立了国防体育俱乐部。

国防体育俱乐部包括有五个组织：摩托俱乐部、射击俱乐部、跳伞小组、无线电收发报小组和军事活动小组。俱乐部本身已是拥有700多人的组织，其中有400名摩托手，140名射手，35名跳伞员，150名无线电收发报员。今后将尽量满足广大青年的要求，展开群众性的国防体育运动，培养国防后备力量，三年内争取有70%的同学学会射击，30%的同学学会开摩托。

俱乐部除本身的国防体育活动外，目前正帮助人民大学，外国语学院，中央团校和北京铁道学院开办摩托训练班。

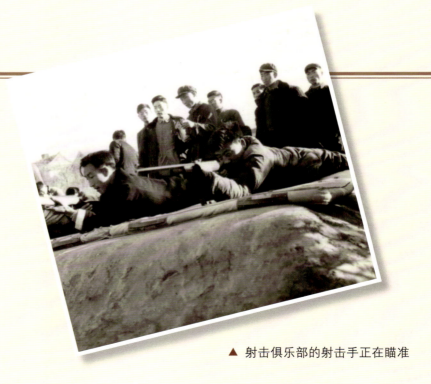

▲ 射击俱乐部的射击手正在瞄准

北京工业学院 校报

射击手场上比武

1958年11月28日　　第152期　　第4版

　　我院第一次射击比赛大会于11月22、23两日在我院射击场举行，这次大会是在我院100%通过普通射手的基础上召开的。参加大会的共九个单位130多名优秀射击运动员。党委自始至终给予大会极大的重视。党委书记刘雪初、尚英、郑干等同志在会上作了重要指示。刘雪初和尚英同志还作了射击表演。

　　大会取得了优秀成绩，一系史淑贞同志三种姿式射击以117环破我院111环的最高纪录。取得集体前三名的是：二团第一，一团第二，五团第三。运动员们最后都表示要勤学苦练，继续提高，争取更多人参加明年的全国运动会，为院争光，为祖国争光。

▲ 1958年，京工第一次射击竞赛大会

北京市第一届环行公路摩托车赛 我院代表队荣获冠军

1959年2月28日　　第166期　　第1版

本刊讯：本月九日在西郊机场举行了北京市第一届环行公路摩托车竞赛，我院代表队荣获冠军。

这次环行公路摩托车竞赛，共有本市厂矿、机关、学校等十九个单位参加。我院参加这次竞赛的运动员有李志广、崔志新、周惠敏、李春轩和郝维新。比赛项目有男子100公里，女子50公里，在这场竞赛中，我院运动员们表现了机智、勇敢和力争上游的坚强意志，在整个比赛中表现了有始有终、遵守纪律的优良作风，终以329分钟的成绩获得比赛的第一名，李志厂以82分钟的成绩同时获得个人赛第一名。获得比赛第二名和第三名的是钢铁学院和电子管厂队。一场春雪，喜兆丰年。

◀ 我院学生开展摩托车运动

文化活动

北京工业学院 校报

诗情画意

校景（四）
早晨

1959年7月10日　第184期　第4版

化　花/诗　孛　力/图

朝霞推开了夜幕，

旭日撒下了金网，

人们离开了梦乡，

走向火热的战场。

鸟儿在枝头歌唱，

拖拉机的轰鸣、

汽笛的声浪，

在天空回荡，

生活的诗篇又揭开了新的一章。

"接班人"奔跑在操场上，

树丛中读书声朗朗，

随着缕缕炊烟飘向远方，

加入震撼宇宙的共产主义大合唱。

我们迎接着每一个黎明，

送走了每一个晚上，

骑着超越时光的追风马，

兼程迈进在红专大道上。

◀ 同学们和中国科学院院长郭沫若同志在一起

▲ 生活在集体的大家庭里，到处感受到温暖、亲切。这是老同学们在热烈地欢迎新伙伴

▲ 同学们在整洁的宿舍里交谈

在北京工业学院的大家庭里，处处充满着团结友爱、互相帮助、共同进步的浓厚气氛，形成了一个又有集中又有民主、又有纪律又有自由、又有统一意志又有个人心情舒畅、生动活泼的政治局面。

——京工画报 1960.5

▶ 学生第四宿舍楼的外景

大家庭里

京工画报 1960年5月

▲ 假日，同学们来到天安门前，披着春天的阳光，尽情地欢乐

▲ 同学们在壮丽的天安门广场，面对着雄伟的天安门，纵情歌唱伟大的中国共产党、歌唱伟大的领袖毛主席

▲ 永远记住革命先烈们的光辉事迹，永远学习革命先烈们的崇高品德，同学们在人民英雄纪念碑前留影纪念

◀ 同学们在瞻望首都的新建筑——民族文化宫

愉快的假日

1959年4月30日　第176期　4版

本刊记者摄

▲ 初夏的昆明湖上，水清如镜，对岸上宏伟秀丽的佛香阁的斜影在水中随风荡漾，看！摄影爱好者对准镜头摄下这动人的景色

▲ 假日里，昆明湖上是一片欢乐的海洋，青年们怀着激动的心情放声歌唱，歌唱着不平常的岁月，歌唱更加幸福美好的未来

▲ 春末夏初的颐和园内，绿树成荫，百花盛开，同学们三五成群地携起手来，跳着形式优美的民族舞蹈，尽情欢乐

▲ 同学们在一起紧张地学习之后，来到风景如画的颐和园内，载歌载舞，欢度假日

京工广播社在前进中

1957 年 12 月 30 日　　第 70 期　　第 2 版

京工广播社，其前身为京工学生社，几乎是与我院同时诞生的，成立已有七八年的历史了。广播社的发展过程，也可以说是全院发展的一个缩影，也是从无到有，从小到大地逐步发展起来的。原来，只在城内亮果厂一个小饭厅中有几个低音喇叭，广播器的输出功率仅 25 瓦。后来，发展到车道沟、巴沟，先是同学饭厅中听到广播，继而发展到教职工饭厅中也能听到广播，一直发展到今天这样的规模。现在，全院有一个广播总社，下面还有四个分社，广播器的功率计约 350 瓦，超过了初建时的十几倍。

广播是一个很重要的宣传工具。不仅宣传面广（每天都要和广大师生员工见面），而且最及时、最方便，它的这些特点，不是其它宣传工具所能代替的。

京工学生社从成立的第一天起，就是在党委的直接领导下进行工作的，是受到广大同学的欢迎和支持的。自改名为京工广播社以来，在各方面都有着长足的进步。就其规模来讲，比过去更大了，组织系统和工作制度比过去更完善了，在广播稿件的内容方面，不仅数量比过去多，更重要是质量比过去要高。如本学期在动员大家积极参加社会主义思想教育，配合庆祝十月革命 40 周年，开展助学金和劳动问题的辩论等方面，以及在学代会和团代会的报道方面，都是做得比较好的。报道面比过去广播，内容及时、新鲜，思想性也比较强了。经常针对现实生活中存在的主要问题而发表的"本社评论员"的文章，效果也很好，对中心工作的开展，起了一定的指导作用。另外，在时事政策及文体活动的宣传方面，也做得很不错。

许多同学反映，广播社的工作比过去大有进步。12552 班湛永富同学说："现在的广播听起来很带劲，很有生气，比过去大有起色。"无线电系同学反映："过去吃饭时不太注意听广播，现在，广播的内容与自己的生活联系紧密，所以我们都注意听了。"教职工广播社，虽然成立不久，目前工作也逐步走上正轨，在反映教职工生活，配合教职工的中心工作的开展方面，也在起着日益显著的作用。

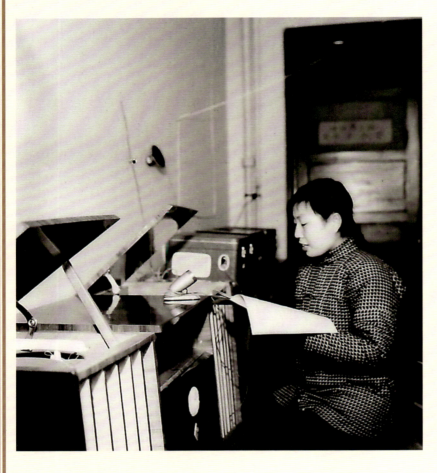

广播社工作所以能有这样的进步，首先是由于党委加强了对广播工作的指导，充实了一批较强的干部。其次，是由于广播社全体工作人员认真努力的结果，广播社的干部全是不脱产的，他们的工作都是利用业余时间进行的。他们经常为了开会研究广播内容，编写广播稿件，而牺牲了午睡，放弃了星期日的休息，有时还开夜车。他们这种热心为大家服务的精神，是很好的。另外，也是与广大师生员工的积极支持分不开的。

广播社的工作本学期确有很大进步，希望能在现有的基础上，继续努力提高。譬如：在稿件的思想性上，还应更加强一些，说理的文章应该紧密联系实际，要说得更具体、更深入。在报导面上，应更广泛一些，除本社记者写的稿件外，应多组织、多发表一些下面来的稿件（当然，这也就要求各级党、团、学生会、工会组织及广大通讯员，大力支持广播社，多供稿件）。在稿件的形式上，也尽量争取短一些、精一些，除了一般的通讯报导外，还可适当采用一些诗歌、特写、曲艺等文艺形式。那样将更生动活泼，效果可能更好。今后，各分社之间应多加强联系，交流经验。还可加强与外校及中央、北京等电台的联系，学习人家的先进经验，加速我院广播的提高过程。可以相信：京工广播社，今后在党的领导下，在广播社全体人员的努力下和全院师生员工的支持下，在培养国防工业战线上的人才队伍中，一定会作出更大的贡献。

▲ 20世纪50年代，师生员工正在校园中收听广播

北京工业学院 校报

京工业余文工团正式成立了

1956年3月28日　第3期　第2版

3月3日下午6时20分，京工业余文工团举行了成立大会。这是一个在党、团和行政的关怀、指导下，在广大同学普遍要求和热烈支持下，由我院文娱活动的积极分子和三好学生在自愿原则下经过考试、审查录取而组成的一个业余文艺团体。

京工文工团现在拥有近400名团员，八个队组（合唱队、舞蹈队、军乐队、管弦乐队、国乐队、诗歌组、话剧组和京剧组）。准备在二年内提高到全市一等业余文艺团体的水平，并且要逐步地增添必要的服装、道具、乐器等。同时，文工团还要订出演员、导演……各方面资格的标准，凡达到此标准的文工团员，经过一定考试、审查，给予演员、导演等称号。

在成立大会上总务处徐处长、团委书记田运同志曾分别代表行政、文体活动委员会和党、团组织向文工团祝贺，对文工团的工作方向、活动内容作了具体指示，并表示对文工团今后的工作给予积极的支持。

京工业余文工团的成立，标志着我院学生文化生活进一步的开展，今后文工团将要更广泛、更深入地吸引和带动广大学生积极参加文娱活动，反映丰富多彩的实际生活，表扬好人好事，向一切不良现象展开斗争，通过文艺形式鼓舞和教育广大同学在社会主义革命高潮中积极争做"三好"学生。

"红色风暴"即将演出

1959年4月30日

第176期　第4版

文工团话剧队经过一个月时间的准备，排出三幕五场大型话剧"红色风暴"，作为向"五四"的献礼。"红色风暴"是一个有深刻教育意义的历史故事剧。它以"二七"惨案为背景描写了革命先烈林祥谦、施洋等同志英勇领导工人运动的故事。从这里我们可以看到统治阶级对劳动人民的残酷剥削和血腥镇压，以及工人阶级英勇斗争宁死不屈的高贵品质。

在这次排练中，话剧队的同志自己当导演，个个干劲很足，每天中午对台词，反复体会自己所扮演的角色的思想感情。他们将在五月二日给全院同学演出。

全院文艺活动日益活跃

1959 年 12 月 23 日　　第 204 期　　第 4 版

近一阶段以来，全院群众文化活动也日益活跃，积极地反映并有力地推动了各项工作的开展。12月中旬，一系、二系、三系、六系都先后举行了文艺会演。其他各系也举行了文艺观摩演出。

"十一"以后，学生会群众文化部根据院党委的指示，决定大力开展群众性文娱活动，并决定在12月份举行院、系文艺会演。当这个消息传出后，各班级马上行动起来，利用业余时间积极准备。12571班破除了演戏要"天才"的迷信，克服了种种困难，全班动手，集体创作，自编、自导，演出了诗剧"向秀丽"。三系57级同学也想了各种办法，先后到民族学院藏族同学那里去"取经"。在藏族同学的帮助下，排出了一个反映平息叛乱后藏族同胞在田里快乐劳动、热情歌颂党的舞蹈。

各系文艺会演，虽然准备还不到一个月，也都分别演出了二十几个节目，内容丰富，形式活泼，并且大都是自己创作的。各班都结合了当前中央文件学习，用诗歌大联唱、快板等形式，全面地反映了和歌颂了党的方针政策。78581班配合文件学习编了"火烧中游"的活报剧，59级同学也积极参加了系里的会演，并演出了具有一定水平的节目。

群众文化活动所以能出现百花齐放的空前盛况，是由于加强了党的领导，各级党组织在抓各项工作同时，对文艺工作也很重视，具体安排了文化活动时间，并在各方面给演员以适当照顾。如七系党总支负责同志亲自指导文化活动的开展，总支副书记孙印三同志还亲自为演员联系服装道具。一系党总支书记朱前标同志，六系党总支副书记赵登先同志等都亲自指导文艺会演，对演员们鼓舞很大。

现在，我院教职工也掀起了群众性文艺活动的热潮。直属教研组现在正积极排练一个"百人大合唱"，将代表我院教职工参加元旦市教职工会演。工会各部门也在积极排练节目，准备迎接12月25日的院教职工会演。实习工厂正在排练"谁是姑爷"的话剧，准备参加会演。

我院各系文工团虽然成立不久，但团员们干劲很大，二系、三系文工团民乐队都提出了赶超院队的口号。在12月20日全院文艺预演上，各系文工团初露锋芒，大显身手。现在各系在预演时被选上的节目，正加紧排练，精益求精，决心在26日全院正式文艺会演上，争取名列前茅。

文工团赶排精彩节目迎佳节

1959年9月18日　第190期　第4版

为纪念伟大国庆十周年的大典和我院的第一届校庆，文工团所属各队正以冲天的干劲赶排许多精彩的文艺节目，准备公演。其中有合唱队的"校史大联唱"，小型喜歌剧"关不住的新娘"，舞蹈队的茉莉花，花狸舞，大型六幕八场话剧"降龙伏虎"，京剧"武松打虎"，轻音乐等。

合唱队还要排歌剧"关不住的新娘"和民歌合唱、独唱、对唱、男女小合唱等好多节目。

"花狸舞"是一个节奏强烈、色彩鲜明、轻松欢乐的民间舞蹈，"茉莉花"则是一个抒情、雅致的中国古典舞。此外，舞蹈队还准备排"满堂红""欢乐的青年"等新型舞蹈，其中有些舞蹈是我国青年艺术团出国演出得奖节目。

"降龙伏虎"是一出激动人心的反映去年山区人民以降龙伏虎的冲天干劲去山里取矿石的六幕八场大型话剧。

京剧队人数不多，气魄却不小；校庆准备演出就全北京来说也很少有人演的武打戏"武松打虎"。

民乐队、军乐队和管弦乐队是任务比较繁重的，他们除了要排自己的演出节目外，还要担任繁忙的歌唱舞蹈的伴奏工作。民乐队准备演出大合奏"光明行"和板胡独奏、大起板和云雀等。军乐队和管弦乐队准备合作演出轻音乐等节目，并担任了国庆狂欢和校庆游园晚会的全部伴奏工作。

15日文工团开了誓师大会，尚副院长作了重要指示，全体文工团员准备苦战半个月，开放出最灿烂的艺术花朵，来纪念国庆和校庆。

▲ 军乐队在演奏雄壮的进行曲

▲ 在文娱晚会上,合唱队的歌手们在演唱歌曲

▲ 课间休息铃响了,同学们暂时离开课桌,纵情歌唱

京工画报　1959 年 7 月

◀ 中央戏剧学院在我院演出的"为了六十一个阶级弟兄"剧中的一个场面

▲ 学生话剧队演出的"降龙伏虎"中的一个场面

文工团即将上演"纸老虎现形记"

1958年11月28日　第152期　第1版

为了配合大家学习毛主席论"纸老虎"的伟大文献，我院文工团话剧队最近正在排演由剧作家陈白尘编导的政治讽刺剧"纸老虎现形记"。这个剧形象而深刻地描绘了外强中干的纸老虎的本质，对于我们深入领会毛主席论"纸老虎"的伟大文献，很有帮助。

▲ 1958年京工话剧队演出的话剧"纸老虎现形记"

高等院校文艺会演
我院京剧"穆桂英"获得好评

1960年1月16日　　第208期　　第4版

本刊讯：由中国教育工会北京市委员会举办的北京市高等院校、科研机关教职工业余文艺会演大会（西郊部分），已于本月十日下午在我院大礼堂开幕。市教育工会、各兄弟院校的有关负责同志出席了大会，我院尚副院长也观看了演出。

文艺会演大会在市教育工会代表致开幕词之后，由我院工会京剧团演出了京剧"穆桂英"。在将近三个小时的演出中，观众一直怀着很大的兴趣。演出结束后，评比委员们认为，一个业余的京剧团能够排演这样大型戏，是很好的，对扮演穆桂英、杨宗保等主要演员的演技也给予好评，并且也指出了在演出方面不够熟练等缺点。

◀ 20世纪50年代，师生正在排练京剧

北京工业学院 校报

京工文艺第三期即将出版

1959年2月28日　　第166期　　第4版

"京工文艺"第三期将于下月初出版。上面有编辑部的评论"大好春光、高歌猛进！",华实润同志写的"敌后十年"（长篇连载），干部班同志集体编写的革命回忆录"老兵工话当年"，曹立凡、张炳华等人写的诗歌，以及化花、吴明英等同志写的诗歌评论、读书笔记等30多篇，内容比较丰富。定价每册1角。在本院"三勤书店"出售。

北京工业学院 校报

发扬"一二九"的革命传统我院举行纪念大会

1958年12月13日　　第156期　　第1版

在"一二九"运动23周年纪念日的晚上，我院团委和学生会在大礼堂举行了纪念大会。党委宣传部部长李梨同志在会上讲述了"一二九"运动的斗争情况和它的伟大革命意义。李部长强调指出：纪念"一二九"的最好的行动，就是要继承革命传统，发扬我们的党领导下的中国人民在革命和建设中所出现的中国风格。他引述了震惊全世界的中国共产党领导的红军二万五千里长征，及现在我国古今中外闻所未闻的许多伟大壮烈事例，雄辩地说明了中国人民在中国共产党领导下进行革命和建设事业中所出现的敢想敢干、所向披靡的中国风格。李部长说，今天，我们全体同志特别是青年们要继续发扬这种伟大的风格，鼓足更大的干劲，在明年创造出更大的奇迹，迎接国庆十周年大典，向党献礼。李部长的报告受到青年们极大的欢迎。

全院积极准备隆重纪念"五四"

1959年4月30日　　第176期　　第4版

为了隆重纪念"五四"运动四十周年，团委会和学生会正在积极筹备盛大庆祝活动。

五月五日晚上，我院将举行盛大的游园晚会。会上将有万人大合唱，并有文体大队游行，表演踩高跷、玩狮子、跑旱船及打腰鼓、秧歌、武术等精彩节目。

会后，在礼堂由文工团演出精彩文艺节目。其中有气壮山河的二百人的"五四"诗歌大联唱，有独唱、对唱，有各种舞蹈及优美的军乐、民乐、管弦乐演奏，还有相声及京剧"望江亭"等。文工团同志为准备这次演出付出了辛勤的劳动。此外，在饭厅有舞会及游艺活动。在体育馆还有青年英雄事迹展览等。全院师生将尽情地欢度这节日的夜晚。

在五月一日晚也将有舞会和电影，五月二日晚将由文工团话剧队演出革命故事剧"红色风暴"。

◀ 学生舞蹈队在表演舞蹈
京工画报　1960年5月

▲ 学生合唱队在周末晚会上演唱"党的教育方针放光芒"

◀ 业余文工团在校园内宣传党的路线和教育方针

京工画报 1960年5月

校园生活

20 世纪 50 年代,

为建设新中国而全力奋斗的北京工业学院

也迎来了快速发展的办学新阶段,

各项工作不断规范完善,

师生员工以良好的精神风貌,

投入火热的校园生活中。

全院欢腾迎新友
迎新散记

1959年9月6日　　第188期　　第3版

一辆满载新生的汽车在布满迎新壁画和标语的四宿舍楼前一停住，迎新站顿时就沸腾起来。一大群老同学蜂拥而上，争着向新同学问好，抢着给新同学拿行李。新老同学手拉着手，肩并着肩，踏着从扩音器里送来的音乐，愉快地走进迎新接待室……这几天来，我院同学就这样一批又一批迎接着来京工学习的新战友。

做好迎新准备

院党委为迎新工作，召开了几次会议，专门做了研究、布置。在党委领导下成立了迎新委员会，并在第四宿舍楼设立了迎新办公室。各系成立了迎新组。

由于今年招收的新生较多，而新的宿舍楼又未竣工，住房和床铺都发生了困难，为了妥善解决新同学住宿问题，总务处宋少锋处长亲自到校外20多个单位去联系，并派专人在木器厂坐催床铺。同学们发扬了互助友爱精神，在原来六人住的房间里又加上了一个床铺。很多同学帮助新同学搬床铺，一次又一次地打扫房子，布置房间，并在每个宿舍门上贴上对联和美丽的图画。

热情迎接新战友

八月二十三日，当第一批新同学一跨进校门，我院的迎新工作就全面展开了。由于今年暑假大部分同学回家了，留校同学又有劳动、补考等事情。这样，迎新工作就自然显得人少事多了。负责前门和永定门火车站接待工作的一系二系同学，日夜轮班接待新同学，有时连饭也顾不上吃。三系、化工系负责校内夜间接待工作的同志，更是不辞劳苦。尤其是仪器系的三个同学连续开了两个晚车，把迎新站周围布置得漂漂亮亮。

为了活跃新同学的生活，无线电系为新同学设立了阅览室，而且每晚组织他们看电视。二系、一系、化工系还设立了"新伙伴之家"。各系都组织了新同学去参观首都的风景名胜和看电影、戏剧等文艺节目。汽车组的同志不论深更半夜，随到随接；膳食科的同志保证什么时候到什么时候有饭吃。就这样，使新同学一跨进京工的大门，就感到了这个革命大家庭的温暖。

老同学比兄妹还亲

事无巨细，都渗透着新老同学的友爱精神。一系有一个从南方来的新同学只有一床被子，1562班一个同学发现后就马上给他送去一床。老同学在深更半夜给新同学盖被子的事情，屡见不鲜。老同学主动去跟新同学聊天，介绍我院的情况。这一切都温暖了新同学的心。一位新同学激动地说："老同学比兄妹还亲，学校比家庭还好。"

北京工业学院 校报

1956年基层普选工作胜利结束

1956年10月30日　　第12期　　第1版

本刊讯：我院1956年基层普选工作，已胜利地结束。

9月16日进行投票选举，这一天分别设在第一校舍及第二校舍的投票站，庄严耀丽、张灯结彩。从早上7点到晚上10点，选民们像潮水一般不断地涌向投票站，行使光荣的民主权利，积极踊跃地参加了选举。

据选举办公室的公告中指出：北京工业学院选区共有人口8169，其中选民7633，应选出人民代表3人。这次参加投票的人数是7330，占全体选民的96%。这次选的代表是由选委会同行政、党委、统战部、工会、青年团等单位联合提出的，经全体选民们反复认真讨论、酝酿的三位人民代表候选人：张耀南、李维临、张培琤全部当选。

10月23日晚在巴沟大操场，举行了庆祝人民代表当选的大会。会上选举办公室把当选证书发给光荣的人民代表们，人民代表在会上表示要好好工作，努力完成选民交给自己的任务，并虚心接受选民的批评和监督。会上还宣读了1521班全体同学给人民代表们的贺信。会后放映电影，祝贺欢腾的气氛随着月光下的影片一直延续到深夜。

北京工业学院 校报

全院女同志鼓干劲争上游
以出色成绩迎接自己的节日

1960年2月29日　　第213期　　第4版

本刊讯:"三八"国际劳动妇女节五十周年纪念日很快就要到来了,全院妇女正以实际行动迎接这个日子。六系教职工中的女同志在五号楼旁边修起了"三八"操场。为了进一步开展女同学中间的体育活动,四系全体女同学要开一个运动会,现在正在积极准备。很早以前,五系56级的女同学早就讨论了怎么样迎接"三八"五十周年,61561等班女同学正在积极排练节目,"三八"节与男同学联欢,并在业余时间积极参加科研,要做出成绩向"三八"献礼。

我院成立了纪念"三八"国际劳动妇女节五十周年筹委会,筹委会决定要在今年"三八"节广泛地开展纪念活动,并号召全院妇女以实际行动迎接自己的节日。筹委会向全院妇女提出以下几点:

1、积极地有计划地学习马克思列宁主义和毛泽东著作,更好地提高思想觉悟。永远沿着党和毛主席指引的方向前进!

2、在自己的岗位上,努力学习,积极工作,发扬实事求是和敢想敢干的共产主义风格。树立不断革命的思想,立大志、攀高峰,实现更大更好的持续进步!

3、积极参加体力劳动,密切联系广大群众,继续发扬我国劳动人民艰苦朴素的优良传统,发扬工作不讲条件、劳动不计报酬的共产主义劳动态度。

4、人人上操场,天天都锻炼,保证身体健康,以便更好地为社会主义服务;积极开展文娱活动,进行业余创作,丰富文化生活。

我院廿余名教职工去北戴河休养

1959年7月31日　第187期　第1版

本刊讯：我院22名教职工于7月31日乘火车赴著名的避暑区——北戴河，他们将在风景如画、气候凉爽的海滨工人休养所中愉快地渡过假期。这22名教职工中包括：林汉藩、厉宽、陶栻、王渠芳、邓开举等教授，郑联达、马长青等讲师，曹泛、孙大环等助教，和仪器系党总支副书记冯义彬同志，以及老工友孙寿增同志，实习工厂老工人董福起同志。老工友孙寿增同志听到自己要去北戴河休养的消息后，非常感激。他说："党对我们照顾得真周到，关怀得无微不至。要是在解放前，像我这样扫地的工友，被人家看成是下等人，做梦也想不到能和教授们一起上北戴河休养。"

其他教职工也感激党的关怀，表示一定好好休养，以更充沛的精力，迎接下学年的新的工作任务。

后勤保障

▲ 为更好地保证教学，图书馆的工作人员正在整理装订大批科学技术书籍
京工画报　1959年7月

北京工业学院 校报

主食样多汤菜香　炊事员们节前忙

1958年9月29日　　第143期　　第4版

尽管是半夜三更12点，然而在炊事员的伙房里还是灯火辉煌，响声连绵不断，这里工作的炊事员同志们个个喜笑颜开，为了迎接国庆，他们日夜不停辛勤地劳动着。他们进行过多次讨论，国庆节前室内卫生要做到"六光"（四面墙光、地光、家具光），为使全院师生员工愉快地渡过"十一"，大灶从9月27号起每天改为七个菜，早餐两个菜，主食方面他们决心要打破"馒头""米饭"陈规，今后每天都要变花样，要吃糖包、麻酱糖花卷、菜包子，9月30日午饭加餐，四菜一汤，猪肉片溜生鱼、烧肉片等，职工食堂的炊事员为全院教职工准备了40多种味美价廉的菜，由炊事员开办的食品加工厂正在赶制点心，并且连夜不停烤面包为了"十一"受检阅同志带饭用。现在炊事员正在克服困难想办法，争取让全院参加大会的同志能够带上京工自制面包。

▲ 20世纪50年代，师生在学校食堂就餐

炊事员同志们的创造性的劳动

1956年6月6日　　第6期　　第4版

当你们走进明亮的饭厅舒适地坐下用餐的时候,或者是吃完了饭,带着满意的心情离开饭厅的时候,你们心里想到的是些什么呢?我想,首先一定会想到终日为我们辛勤劳动的炊事员同志们。确实,他们不仅每天早起晚睡,而且还开动脑筋,创造性地进行工作。

现在,有90多位炊事员同志,从早上4点到下午近1点,又从下午3点到晚上7、8点,每天10多个钟点都忙碌在厨房里,他们忙些什么呢?原来在忙着切大批的菜。炊事员同志当中绝大部分是年轻力壮的小伙子,可是由于长期站立切菜的结果,有很多同志已患轻重不同的关节炎。

一天,炊事员同志安克祥,到航院去看老乡,看见航院的炊事员同志正准备创造切菜机,他一想,如果我们也能研究个切菜机,那不仅能为国家节省大量的开支,并且还可以缩短工作时间,而大家腿疼的毛病,也可以解决了。于是,一回学校就向领导上提出:"我们也要创造切菜机。"

这一建议立即得到了领导上的支持,并且团小组长戴守仁以及张凤海等马上积极地参加到具体工作中去。刚一开始工作就遇到了一连串的困难,首先是文化低,机器方面知识不多,他们完全是用筷子和硬纸等比画着做,可是他们没有低头,多方面的请教,他们除了经常找其他炊事员同志提意见外,还找同学们商量(10542班的同学,通过了帮助炊事员同志改进做饭工具的决议),找教师和实习工厂的工人同志……总之,一有机会就请教。经过了二十多天的辛勤劳动,现在切豆腐机和切菜机的模型已做好,目前,已由科协请了8521班的同学具体在帮助他们设计,不久,就将拿到实习工厂试制。据说这部切菜机如果研究成功,不仅可以代替过去繁重的体力劳动,而且还可以缩短每天切菜时间。

与此同时,车道沟的炊事员张碾磨、张树海等同志也创造了一个做馒头的机器模型,如果成功,只要把和好的面放进机器,另一头就有一个个做好的馒头放在蒸笼上,他们还打算以后与巴沟、车道沟的炊事员同志们共同合作,从和面一直到做成馒头这一系列的劳动全由机器代替,到那一天不仅我们的劳动效率可能提高不少,而且由于减少工作的结果,我们的炊事员同志们将有更多的精力去学习文化和掌握知识。同时我们在这里亦要求老师和同学及其他部门的同志们能更进一步的提出改进的意见使它更加完善。

使全院同志身体好、学习好、工作好
行政单位积极做好生活福利工作

1959年1月16日　　第161期　　第4版

本刊讯：学校的许多单位，在妥善安排教学、劳动和休息的同时，正在采取积极的措施，搞好生活福利工作，使广大师生员工睡足吃好，更好地工作和学习。

全院同志在党的领导下，热情洋溢，干劲冲天，在各项工作中取得了巨大的成绩。对于师生这种高度的政治积极性，各级领导都非常珍惜，除了在时间上合理安排，使师生学习好、工作好、休息好之外，有关行政部门也在积极采取措施，来改善师生的生活福利事业。膳食科的同志们，在现有的物质条件下，想办法动脑筋，大力改善伙食。远在去年秋季，炊事员同志们就白手起家办了一个食品加工厂；在蔬菜旺盛季节，腌了大批酱菜，制作了一万多斤番茄酱和果子酱，保证在蔬菜缺乏的冬季，能吃到必要的副食品；日前，全科工作人员和全体炊事员同志，又利用休息时间挖菜窖储存了大批白菜。为了改善同学们的伙食，采购员门景云等同志踩着三轮车，冒着风雪，到一百多里外去买鱼，炊事员同志在不增加人力的情况下，保证同学随时吃到热饭热菜。

在"一切为了师生的健康"的口号下，医务室实行24小时门诊，创办了病号营养灶，为病员准备了面食、稀饭和富有一定营养的菜肴。医务室的同志们，还破除迷信，敢想敢干地增设了几个理疗室，设立了三十五张病床，先后治愈了559个病人，这些病人过去都要到医院去就诊的，往返需要花费很多时间。许多同学说：现在真是太好了，有病可以不出门就医治了。

入冬以来，天气骤寒，总务行政科的同志们提出，想尽一切办法不叫同学受冻，除了每个宿舍下夜加烧一次暖气外，还对一些重点单位（实验室、有夜班的科研单位、生产车间）增设了火炉，保证室内有一定的温度。

▲ 为了改善伙食，炊事员同志们正在紧张地工作着

▲ 膳食科的同志们趁蔬菜旺季，腌酱大批蔬菜，以备秋冬食用
北京工业学院校报　1959 年 7 月 10 日
第 184 期　1 版

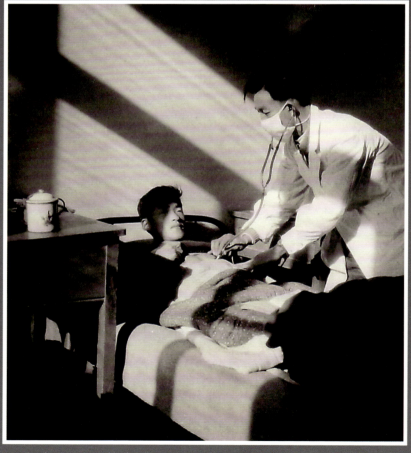

▲ "一切为了师生的健康"，医务室的同志在为同学们检查身体
北京工业学院校报　1959 年 1 月 16 日　第 161 期　1 版

我院大力开展副食品生产
改善师生生活发扬艰苦朴素作风

1959年7月1日　　第183期　　第4版

本刊讯：为了改善师生员工生活，我院农副业生产办公室正在积极种植蔬菜，培养家畜家禽，大力发展副食品生产。

从去年下半年以来，膳食科的同志们本着"自力更生、白手起家"的精神，先后办起了食品加工厂、饲养场，共养猪220多头，养鸡1300多只，先后加工各种酱菜1万多斤。另外，还生产豆腐、粉皮和各种糕点。

广大职工在不影响工作的原则下，也利用业余时间在院内开垦荒地，种植各种蔬菜，仅去年下半年就收割了各种蔬菜30多万斤。今年以来，农副业生产办公室除去农作物种植以外，还种植了四亩多地的洋白菜、西红柿等，已经收割了2万多斤。这些副业生产都是由行政单位职工轮流参加生产劳动来担任。参加农副业生产的职工热情很高，经常冒着炎热在院内各处积肥，像农民一样深翻土地，精耕细作，力争农副业生产大丰收。

发展农副业生产，改善了师生员工的伙食，现在大灶食堂每天早上吃的多样性的小菜，都是食品加工厂自己制作的，像豆腐、粉条等副食品不仅保证学校的需要，而且还生产一部分供应兄弟学校食用。每逢节日，广大师生还能吃到学校生产的肉类、糕点等食品。

▲ 炊事员们种的大白菜

▲ 炊事员们饲养的大肥猪

自养禽畜　改善生活

1959年7月17日　　第185期　　第4版

在我院西南角上，有一排平房，那就是我院副食品生产的主要所在地。在这里，膳食科的同志们办起了饲养场、食品加工厂……，积极发展副食品生产，改善师生的生活。下图是饲养场饲养的一千多只莱亨鸡，很快就长大起来了。

用机械代替人工操作　木工室制成开榫联合机

1959 年 1 月 24 日　　第 162 期　　第 1 版

本刊讯：总行科木工室于一月十四日用土法试制成功了开榫、打槽、裁口联合使用机。从此，木工室在开榫、打槽、裁口方面的活计将由机械来代替繁重的体力劳动，工作效率可以提高几十倍。

土法制成的开榫、打槽、裁口联合机的构造是利用电锯的原理，把立式的锯盘改成了卧式平行的两个锯盘。为了适应打榫薄厚不一的问题，他们用控制斜面的办法，使得所要开的榫可以薄厚自如。其它如打窗棂的槽子或裁口，这种联合机都能承担。

开榫、打槽、裁口联合机的优点是效率高，规格准确，操作容易，使用方便，而且在有的操作方面（如打槽）还可以节省木料。

▲ 总行科木工室工人用土法制成开榫、打槽、裁口联合使用机

开榫、打槽、裁口联合使用机的结构百分之八十是木工活，机身稳定、制造简便，经过试车效果良好。今后，他们打算在机器上部安装上相应的半圆形锯条，以便把开好榫后表面的一层木片同时去掉，使操作过程更快更好。

改变校对方法加强业务学习
我院印刷厂努力提高产品质量

1959年7月24日　第186期　第4版

本刊讯：我院印刷厂职工劳动热情日益高涨，工作效率不断提高。

首先是产品数量较以前大大增加。如拣字车间，过去每人每小时拣字1023个，现增加到1353个。装版车间，过去每人每天最高纪录是装12.7块，现在平均增加到14.6块。印刷厂在增加产品数量的同时，大力提高产品的质量。五、六月份所订的提高质量的10项措施已完满实现，目前，正在努力减少印刷品中的错别字。具体措施是加强校对环节。凡是铅印稿件，在装版以前，都要校对一次，随时发现错误，随时纠正。这样，比装版后改正要迅速，节省时间。另一个办法，就是提高校对打字排版及拣字同志的文化程度和技术水平。印刷厂采取能者为师的原则，开业余技工训练班，现已编出了四门技术课讲义，仅庞泽仪同志一个人就编写了两门讲义。第一门"应用俄语"已由徐镛同志讲授完毕。这些讲义都是总结他们本身的工作经验，结合技工的文化水平和工作需要来编写的，因此，很受印刷厂工人的欢迎。经过这样的改进和学习，已初步收到了效果。如拣字的差错率已有所降低，校刊的水样差错率已降到0.1%，其他车间的工作效率也有显著提高。

▲ 工人同志正在拣字

▲ 印刷厂工人提出多快好省印刷各种讲义、资料，更好地保证教学

在集体的大家庭里成长

1959年2月20日　第165期　4版

▲ 在托儿所里,每个孩子都受到了很好的教育。这是大班的小朋友们正在神情专注地学习

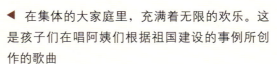

▲ 在温暖的阳光下,孩子们开始了一天的第一次活动——早操

◀ 在集体的大家庭里,充满着无限的欢乐。这是孩子们在唱阿姨们根据祖国建设的事例所创作的歌曲

建设校园

师生积极参加劳动,建设校园。

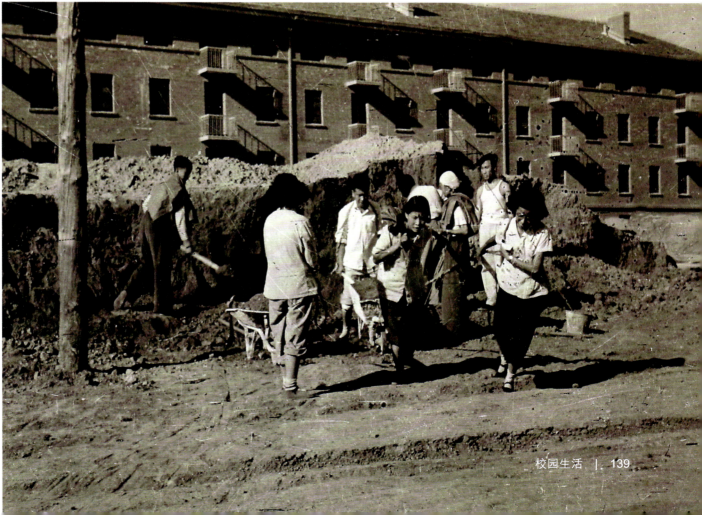

校园生活 | 139

◀ 1958年同学们热烈响应党的号召，更好地读书、更好地劳动。这是同学们白手起家建立工厂
京工画报 1959年7月

▲ 能文能武，二系的同学们决心把自己培养成一个有文化的社会主义劳动者，他们利用课外时间为学校建筑一座汽车库。这是同学们正在砌墙

◀ 用自己的双手把学校建设得更加美丽。这是同学们正在校园中植树

用自己的劳动来建设校园
全院实行义务劳动突击周

1957年8月27日　　第51期　　第1版

本刊讯：最近院部根据学校建设的需要和部分留校同学的要求，决定在本周开展一次义务劳动突击周，以便用我们自己的双手来建设校园，同时也是响应党和政府关于精简节约和知识青年要参与体力劳动的号召。

本月廿日下午，总务处、学生会和有关单位的同志开会，具体地商讨和安排了这项工作。会上成立了义务劳动临时指挥部，负责全院的义务劳动的具体工作，下面以系为单位分别成立义务劳动领导小组。

这次义务劳动突击周准备从廿三号开始，留校师生员工除年老、体衰、因病因公外，一律参加，采取分批轮流劳动。

义务劳动的工程约需4000个劳动日，主要是铺修道路、平填地面、清除垃圾等，通过这次的义务劳动，将使我院校容大为改观，为下学年的学习和工作创造了有利的环境。

为了保证义务劳动热烈的开展起来，会议一方面要求做好宣传组织工作，一方面将在劳动条件方面给予照顾，如供给足够开水、改善伙食、免费洗澡、保证足够的休息时间等。

这次义务劳动虽是突击性的，但经常性的义务劳动将随之继续下来，并将形成制度，使人人都参加一定时间的体力劳动，通过体力劳动来锻炼自己，培养劳动人民的先进思想和高贵品质，努力做一名劳动人民的知识分子。

向工农劳动人民学习
暑假留校同学积极参加义务劳动

1957年8月27日　　第51期　　第1版

本刊讯：廿三日上午七时半，在高音喇叭播送的军乐声中，我院各个地区开始了暑期的第一次义务劳动。参加这次义务劳动的有留校同学九百余人。

魏思文院长等领导同志，在当天上午也与同学们一道紧张地参加了挖土、拉大车等义务劳动。

义务劳动一开始，就掀起了热潮，广大同学表示：坚决响应党的号召，在实际劳动中来锻炼自己。两天来，填土平整面积达14430平米，运土体积1208平米，除草面积1500平米，按原订计划，超额50%以上完成了二天的劳动任务。

许多同学在义务劳动中，提出"向工人、农民学习"，"用自己的双手来建设校园"。第二大队的2551、2541班的同学们劳动热情很高，他们不顾肩病手疼，像战斗一样的劳动着，他们说"轻伤不下火线"，"在劳动中成长"。第三、四大队的同学们不怕脏、不怕累地在乱石杂草中劳动着，有的人手被马蜂咬了也不愿休息，许多女同学衣服、脸上沾染了灰泥，但她们仍然紧张愉快地与男同学比赛着谁劳动得好。第一大队2531班的施英同学不但劳动好，而且虚心向工人学习劳动，她向工人说："不要把我们当作大学生吧，就看作是劳动中的伙伴。"在休息时，她替工人打开水，与工人一道谈心，许多工人都感慨地说："只有今天才有这样的大学生！"

少数因病、体弱没有参加义务劳动的同学，也自动地替劳动的同学们打开水、送东西，他们说：宁愿做点轻微的劳动也不愿闲着。许多职工同志也提出要参加劳动。

暑期义务劳动获巨大成绩
我院举行总结和发奖大会成绩优良的41个小队和697人受到奖励和表扬

1957年9月27日　　第55期　　第4版

本刊讯：二十日傍晚，师生员工一千余人聚集在一校舍大操场，热烈地庆祝暑期义务劳动胜利结束，举行奖励劳动成绩优良的单位和个人的发奖大会。时近七时半，大会开始了。史尔公同志代表义务劳动指挥部做了暑期义务劳动总结报告。他说：为了响应党的号召，我院暑期开展了大规模的义务劳动，自八月二十三日开始，经过了十六天的紧张劳动，我们取得了重大的成绩。十六天当中，有2600人参加了义务劳动，比原计划人数1500人超过了10%，暑期留校师生员工，绝大部分参加了。十六天中我们共运土5500立方公尺，平地61000平方公尺，拔草62000平方公尺，修路63000平方公尺。这些工程质量好，速度快，为国家节省了6000多元。

史尔公同志说：如果我们单从上面的数字来看成绩是不全面的，我们觉得还应从下面几点来正确认识这次义务劳动的重大意义。①同志们自觉地积极地响应党中央关于知识分子参加体力劳动的号召。广大师生员工表示在劳动中锻炼和改造自己，同志们在劳动中体会到劳动的光荣，从而对轻视体力劳动，看不起工农劳动人民的思想有了一定的改变。②具体地贯彻了党和政府的勤俭建国、勤俭办学的号召，用自己的双手来建设校园。半个月的义务劳动，不仅为国家节约了财富，而且大大加速了学校的建设，仅从义务劳动的工作量来说，如果每天以100个工人来做，就需要三个多月。③在义务劳动中充分发挥了各级组织作用，同志们在集体劳动中，也培养了尊重组织、遵守纪律的良好品德。④密切了领导与被领导的关系。院的领导同志和各单位的负责干部与大家一起劳动，给同志们很大感动和鼓舞，特别是魏思文院长、王松波助理、郑干副书记等领导同志的亲身带头参加体力劳动，给同志们树立了榜样。⑤在集体劳动中，充分表现了互相间的阶级友爱、团结互助的精神，增强了同志们互相间的团结。⑥在劳动中涌现出一批积极分子和领导骨干，初步摸索了一些经验，为今后的义务劳动创建了有利条件。总之，收获和成绩是巨大的。用我们的行动证明，党的领导是正确的，我们的成绩是主要的。

史尔公同志接着也指出了这次义务劳动中的缺点，总结起来是组织领导不够健全，缺乏实际经验，宣传组织工作做得不够，因而在工作中出现一些混乱和进度不一的现象。他特别指出：不可否认的还有少数同志对义务劳动不够重视，他们有点轻视体力劳动，这是不好的，应当加以改变。

史尔公同志在总结中还谈到了我们今后的任务：①定期地参加农业合作社的劳动，并在学校建立分区保养和包干制。②组织经常的义务劳动，每周或每两周进行一次，每次 2~4 小时，并按季节组织突击性的义务劳动。③因此义务劳动中的各级组织不是解散，而是调整加强，并且制定适合经常义务劳动的奖励制度。④具体计划开学后一周内作好，从十月一日后即按计划开始执行。

接着，魏思文院长在大会上讲了话。他说：我们暑期的义务劳动胜利结束了，我们取得了很大的成就，我代表院党委和行政，向我们这所高等学校的具有高度文化的劳动大军的劳动者们致敬！

他说：我们学院经过大家的义务劳动美化了，祝贺同志们争先恐后地不顾疲劳地在劳动中锻炼，更要祝贺同志们热烈响应党和毛主席的号召。劳动告诉我们学校的房屋、实验室是怎样建设起来的；劳动告诉我们劳动人民是可爱的、党是可贵的。我们要在劳动中培养工农感情，努力把自己锻炼成为工农劳动人民的一分子。

魏院长最后号召全体同志，把义务劳动坚持下去，经常地积极地参加今后的体力劳动，努力锻炼和培养自己成为一个工人阶级的知识分子。

工会主席吴大昌同志、学生会主席李萍文同志和受奖者代表王国香同志，分别在大会上讲了话。他们一致指出参加体力劳动对知识分子的重要意义，并且表示坚决地响应党的号召，积极地参加学校今后组织的各种义务劳动。

大会最后分别对这次义务劳动中的积极分子进行了奖励和表扬。工会、学生会分别获得了优胜奖励，各个大队获得了纪念旗，其中直属教研组大队因成绩优秀，获得了优胜红旗，在 120 个小队中有 11 个小队得了奖。465 人得了个人奖，占参加义务劳动人数 15%，另外还有 232 人受到了表扬。

大会完毕后，放映了彩色电影"美丽的一天"。

劳动之花面面开

1958年5月19日　　第114期　　第4版

"小伙子们加油呀！用我们的劳动建设我们的校园。"同学们正在二系楼前修筑"保尔路"。

我院贯彻勤俭办学的方针和理论联系实际的教学方针后，获得了极大成绩，为国家创造着大量财富，人们的精神面貌也正在作根本性的改变。

继化工系试制成功的第一个新产品——间苯三酚后，机械系的三线动力应变仪、电磁转速表，无线电系的阴极射线示波器等我国未能生产的新产品相继试制成功。目前实习工厂结合教学进行生产的产品计有三十多种，其中照相机、猎枪火枪、电子仪器、光学仪器、锅驼机、水利测功仪、摇表等产品受到了有关方面的热烈欢迎，并在北京市地方工业展览会上展出。

在农业生产方面，广大师生员工利用校内空旷地种植了六十多亩蔬菜，全体师生利用休息和课外活动时间积肥、浇地。大家提出要在劳动中，争取思想、生产双丰收。

用自己的双手建设校园，这是大家的战斗口号，从院长、党委书记到每个同志，积极参加了校内的各项义务劳动，修路、平地、绿化校园等等活动。

同学们在课余之暇还进行了许多服务性的活动，开设三勤书店、三八缝纫社、修鞋部、照相馆、理发社，深受同学们的欢迎。

到劳动中去锻炼，向工农学习，这是广大师生共同的志愿。他们除了积极参加校内的各项劳动外，还主动与附近的农业社联系，帮助农业社生产劳动，虚心向农民学习。不久前，数千名同学还到十三陵，参加了为期十天的修建十三陵水库工程的劳动，在思想上，生产上收获很大。

北京工业学院 校报

用劳动开始大学新生活
五八级同学组成"十一"团向大自然进军

1958年9月6日　　第136期　　第1版

本刊讯：58级新同学入学这一年，正是我院五年建设纲要开始执行的第一年，正是全面贯彻党的教育为无产阶级政治服务、教育与生产劳动结合的方针的一年，新同学们都为此而感到幸福和骄傲。他们热烈响应党的号召，决心用劳动开始大学的新生活，把自己培养成为又红又专、能文能武的多面手。全体58级同学组成"十一"劳动团，从9月6日至25日参加建设校园的劳动。全团共分六个连。一系新同学负责修路及参加印刷厂劳动。二系新同学负责农场、饲养场及新基地的平整工作。三系新同学负责平整雷达场。化工系新同学负责修整原来的大操场。仪器系新同学负责修整主楼上下水道和暖气沟及周围环境的美化工作。

"十一"团由党委委员、总务处副处长史尔公任团长，党委委员、团委副书记张培峥任政委。全团于9月5日下午举行了庄严的誓师大会。全体新战士干劲冲天，斗志昂扬，决心做建设共产主义京工的突击队。他们齐声高喊："英勇劳动，建设京工，实现纲要，向'十一'献礼，高举红旗，顽强战斗，向共产主义京工大进军！劳动锻炼，建设乐园，又红又专，文武双全。"全团的战斗口号是：做到三化（思想工农化，劳动战斗化，行动军事化）、五好（政治思想好、生产劳动好、组织纪律好、团结互助好、文体卫生好），取得思想、生产双丰收。

校外劳动

北京工业学院 校报

建设祖国锦绣的河山
——记一四五六、五八级同学绿化西山

1959年5月16日　　第178期　　第2版

"出征"

初夏的暖和的阳光普照大地，在祖国辽阔的土地上，战鼓雷鸣，捷报频传。第一机械系十四专业五六、五八级的同学们，在"到西山去，改造自然，改造思想"的口号下，愉快地投入了为期一周的西山绿化工作，力争在1959年，达到"读书、劳动、思想"三丰收。

"登山运动员"

到达宿营地后，同学们来不及休息，就投入了紧张而艰巨的劳动。从宿营地到工地，沿途是崇山峻岭，陡崖险壁，崎岖不平的羊肠小道，往往使同学们走不了多远就汗流浃背，但是没有一个叫苦，大家一想起红军爬雪山、过草地的壮丽情景时，个个干劲倍增，向荒山进军，绿化首都的嘹亮歌声此起彼落。这里没有什么"文弱书生"，有的是"优秀爬山运动员"。

"工农子弟兵"

劳动中，同学们每天要连续弯着腰紧张地锄草、挖土六小时，杂草和毛刺往往划破了同学们的手臂，甚至脸面，但是，这些与那些革命先烈在敌人的枪刀下进行英勇斗争、与今天千百万工农群众在工农业战线上的忘我劳动比较起来又算得了什么？大家都怀着一个信念：怎样劳动更加出色。三天的劳动，同学们共完成了整理树苗十几万棵，其中有的超额完成定额的三倍。特别是工农调干生占百分之七十以上的1458级，在劳动中更为出色，他们充分发扬了劳动人民的热爱劳动，不畏困难的崇高品质。工农调干生的成绩一直领先，并且不断创造最高纪录，许多同学把他们誉为"工农子弟兵"。

当团徽颁发的消息传来时

战斗在西山的青年们,看到报纸上登载的团中央关于"团徽使用和徽章颁发的暂行规定"的消息,莫不感到喜气洋洋,欢欣鼓舞,共青团员们纷纷表示,要努力学习,积极劳动,以读书、劳动、思想三丰收的实际行动,来表明无愧于共青团员这一光荣称号。共产党员丁振和、共青团员邹其宝小组,发挥了冲天的干劲,一直是绿化大队中成绩最高的保持者。许多团外青年,表示要向党团员同志学习,严格要求自己,更好地劳动、学习,争取早日加入共青团。

劳动着是幸福的

劳动是紧张的、是愉快的,每个人都深深体会到,为社会主义建设而忘我地劳动,是自己最大的幸福。在劳动的熔炉中,共产主义精神进一步树立了。许多同学感到,集体的劳动生活,使每个人的心情更加舒畅,同志间的关系更加融洽,尽管吃的是窝窝头,睡的是草棚,但是大家都体会到这种生活很愉快。每当晚饭后,同学们三三两两聚集在西山脚下,永定河旁,谈论着一天的劳动收获,制定更大奋斗目标,畅想祖国美好的未来,立下大志,决心把自己培养成为又红又专的社会主义建设人材。

战斗在继续着

战斗的劳动生活还在继续,我们的劳动指标一天比一天高,战绩一天比一天大,同学们的干劲就像西山的瀑洪一样,永远那样汹涌澎湃,奔流不息。我们一定要以思想劳动双丰收的硕果,胜利返校。

14561458 级通讯

▲ 同学们冒着严寒,在海拔 1000 多米的西山进行绿化,这是整队待发的突击队员们
京工画报　1959 年 7 月

在劳动中锻炼成长
我院部分班级参加绿化西山和收白菜劳动

1959年11月14日　　第198期　　第4版

本刊讯：最近，我院已有两批200多名同学参加了绿化西山的劳动，他们胜利地完成了任务，获得了劳动、思想双丰收。

10月25日，6058级100多名同学开到了西山，每天天刚蒙蒙亮就起来了。这里，早晨格外寒冷，每天要翻过几个山头才到工作地点，山高路陡，上山成为劳动第一个难关，但大家一想到自己是为响应党中央和毛主席的号召："让祖国大地园林化"，是为绿化首都而战时，就充满了克服困难的信心，克服了一切困难。在劳动中大家团结友爱，互相帮助，上山时，身体好的抢着拿工具，男同学帮助女同学；女同学帮助男同学补衣服，晚上干部给同学盖被子，关心冷暖。集体的温暖，给大家带来无限的力量，个个干劲十足，在五天中刨坑五万多个，大大超额完成了任务。60583班杨相桓同学在劳动后感慨地说："劳动真是无价之宝，它能使你获得许多课堂上得不到的东西。在西山劳动，不仅改造了思想，也锻炼了身体，磨炼了意志。"

10月31日，我院又一批同学开赴了西山，这是6159级和6359级的100多名同学。一周劳动，他们三战三捷。第一战，突击队前往香山挖树苗，三天任务一天完成；第二战，冲击班半天完成了一天的挖树苗任务；第三战，一天半中植树苗五万株，完成了三天的任务。接着，他们又大大超额完成挖坑等任务。

现在，他们已凯旋。6559级、6759级的同学又开向了西山的劳动战线，目前，他们正在西山战胜寒冷和困难，向荒山宣战。

本刊讯：今年夏季，由于京郊农民同志们英勇与天灾作斗争，在苍龙头上取得了白菜大丰收。近来天气日渐寒冷，为了丰产丰收，赶快收藏好白菜就成了当前迫不及待的任务。11月10日，我院组织了无线电系55级和化工系57级100余人参加为时一周的抢收白菜的劳动。参加劳动班级，出发前纷纷召开誓师大会，向党表示决心。61572班同学说：现在我们正在学习八届八中全会文件，我们参加这次劳动更有现实意义。这是一次最生动、最实际的教育课。无线电系59级同学入大学后第一次参加劳动,都特别兴奋,他们说:我们的愿望终于实现了!他们表示一定要在劳动中大显身手。63592班提出了五好:①劳动态度好;②组织纪律好;③群众关系好;④文娱宣传工作开展好;⑤克服困难精神好,向其他各班挑战。

在校很多班级在这星期也分别参加半天收白菜劳动,一方面解决公社劳动力不足问题,一方面保证全院师生员工在淡季食用蔬菜供给正常。虽然这两天天气很冷,同学劳动的热情战胜了寒冷,胜利地完成了收运白菜任务。

▲ 我校劳动大军奋战在十三陵水库的建设工地上
京工画报 1959年7月

▶ 我校师生参加修建十三陵水库的义务劳动

▲ 我校师生从校园出征,前往参加修建十三陵水库的义务劳动

支援农民生产不让一粒稻子受损失
师生员工五千余人帮助农业社抢收庄稼

1957年10月25日　　第60期　　第4版

本刊讯：继暑期大规模的义务劳动后，本月十七日，在暖和的阳光照耀下，我院师生员工在党委第一书记、院长魏思文的带领下，由五千六百余名知识分子组成的劳动大军，前往京西郊万泉庄、六郎庄、巴沟等地的联丰农业生产合作社，帮助农民抢收庄稼。

近午时分，同志们在步行了一小时的路程以后，丝毫没有表现疲劳，随即热情高涨地投入广阔的田野里，赤脚卷袖地在齐膝深的泥水中，与农民们一齐紧张地劳动着。他们不顾寒冷、不怕劳累，许多人身上、脸上沾满了污泥，衣服浸湿了，仍然兴高采烈地干着活。组与组、队与队之间，提出竞赛，提出保证：超额完成任务，不浪费农民一粒稻子。魏院长和周副院长一块紧张不停地一大捆、一大捆地抱稻子，当老乡们知道他们是院负责同志时，都很敬佩，农业社社长一再请他们去休息也不肯。总务部门的职工们干得特别起劲，原来交给他们的一百多亩顺稻任务，很快就突击完了，他们还不愿休息，又自动地向农业社要求增加了一百多亩任务，并且超额完成了。一系曹立凡主任和教授们一起都卷起裤脚，下到泥水田里拉稻子，有的教授说，这还是他第一次赤脚下田哩！化工系有的女同学身体不好，不让她下水，可是她一次又一次地偷偷地把鞋袜脱掉跑到田里去劳动。许多同志完成了拉稻任务后，又主动地去帮助老乡摘花生，割稻子。许多在一起劳动的老乡们都说："你们干得又快又好！"

紧张而又热烈的劳动，取得了很大的成果，约三小时，仅拉稻就达1700多亩。据农业社社长说："这些活在农业社要做一个多礼拜，这次半天就突击完了，对我们帮助很大，风霜来了再也不用担

▲ 我院师生员工五千六百余人组成的劳动大军，前往农业生产合作社，紧张热烈地帮助农民抢收庄稼

心稻子会被损坏了。"

为了避免即将来临的大风、霜冻损害庄稼，当同志们听到农业社需要组织一批力量帮助抢收时，纷纷要参加劳动，原来农业社只需要四千人，结果报名要去的师生员工近六千人，从院长、副院长、党委委员到各科室、系组的负责同志都踊跃地报名参加了这次义务劳动，许多教师说："帮助农业社劳动，支援了农民生产，又是改造自己的好机会，一举两得，一定要参加。"印刷厂制版车间的同志们，原来因为工作忙领导上不让他们参加，他们就加夜班将工作提前做了，以便能参加这次劳动。许多同志与农民一起劳动了一下午，感到农民特别温厚可亲，他们要求农业社今后需要人帮助劳动时，一定要叫他们去。有的同志表示，今后在干部下放时，一定争取到农村去参加体力劳动。

为将义务劳动经常化，学校已将定出制度

又讯：鉴于体力劳动对知识分子的思想改造的重要意义，学院根据广大师生员工的要求，决定将义务劳动作为一项制度经常化，每月每人八小时，作为工作量，除年老有病、孕妇外一律都须参加，并将实行考勤、奖励制度。为了更好地安排义务劳动的工作，学院还相应地成立了义务劳动指挥部的常设机构。

时光纪要

20 世纪 50 年代,

在如火如荼的校园生活中,

一些"大事件"为我们留下

学校办学发展的

时光记忆。

首届办学成就展览会

北京工业学院 校报

我院几年来获得巨大成绩
教学及行政工作成就展览会开幕

1957年8月3日　　第48期　　第1版

本刊讯：我院1953—1957教学及行政工作成就展览会，经过一周来的积极筹备，已经在本周正式开幕了。

七月廿九日上午，我院各系组、行政单位的负责同志在一起，举行了展览会的开幕式。魏思文院长在开幕式上说："三年来我们一直想筹备举行一次展览会，但一直没有成功，而最近，经过一周来的紧张劳动，就全部完成了展览会的工作。七天来完成了三年来没有完成的工作，我们应为此而祝贺，为参加筹备这次展览会而积极努力的教职工同学而祝贺。"接着魏院长概括地说明了我院几年来的建设，并用展览会上的具体事实，号召大家，共同努力，在党的领导下，把学院办得更好。

这次展览会的规模是很大的，内容也很丰富，展出的模型教具、图表仪器等共达五千余件，约占面积一千多平方米。共分九个部分，第一部分为总馆，其中有全院人员增长情况、教学、科学研究、苏联专家的帮助、图书资料及设备、业余教育、教学环境、生活福利和基本建设，全面系统地介绍了我院几年来，在党和政府的关怀、领导下，经过全院师生员工的努力，在教学和行政工作上所取得的巨大成就。展览会的其它八个部分，分别以直属教研组、一系、二系、三系、化工系、仪器系、无线电系和学生馆为单位，介绍了它们的建设、发展情况。

展览会以充分的事实和生动的形象，描绘出我院向新型国防工业学院迅速发展的面貌。展览会的总馆，首先在前言中告诉我们："几年来，我们学校以猛进的速度，从无到有，从小到大，正向着社会主义的国防工业学院胜利前进。"在总馆内我们看到了我院几年来，在教学改革、科学研究以及基本建设方面所取得的巨大成就。拿基本建设来说，五年来建筑面积达十三万一千多平方米，仅教学用房就占百分之五十三点五，三年内增加十七倍以上，学生宿舍也由53年的四千八百多平方米增加到57年的三万一千多平方米，四年内增加六倍多，仅这一项数字，就足以说明我院发展速度是飞快的，工作成绩是巨大的。

在直属教研组的展览室里，陈设了一件非常有意义的展览品，这就是一个由老区留下来的物理学教具。虽然摆在这些闪闪发亮而又复杂的仪器旁边，它显得很简单、陈旧，但是，通过它，我们更清楚地看到，我们学院是怎样在艰苦的条件下，克服困难，由小到大，从无到有地发展起来的。

一系、二系、三系、化工系的展览室，陈列了许多课程设计和毕业设计以及各种实物图表，从这里我们看到，几年来我院教学改革，学习苏联的成就，培养了一批国防工业建设干部，并且达到一定的水平。这里陈设了许多专家、工程师对我院毕业生的毕业设计的好评。

无线电系以现在和过去的情况用实物加以对比，生动而又鲜明地向我们表明，几年来我们的发展是快的，获得的成绩是主要的。让我们回忆过去，看看现在，展望一下将来，更信心百倍地前进吧！

在五彩缤纷、丰富秀丽的学生馆里，陈列了大宗的文化体育活动用品，它显示了学生们丰富多彩的文化生活。这里还有同学们利用假日进行义务劳动的概况，访问农村，与工农兵相结合的图样。在这里，我们看到青年一代，正在党的培养下，全面地成长着。

许多参观展览会的同志们，为我院几年来的建设成就感到欢欣鼓舞。他们说：我们自己，更加信心百倍地，在院党委的领导下，遵循着党和政府的指示，向着现代化的先进的社会主义国防工业学院迈进！

▲ 北京工业学院 1953—1957 教学及行政工作成就展览会

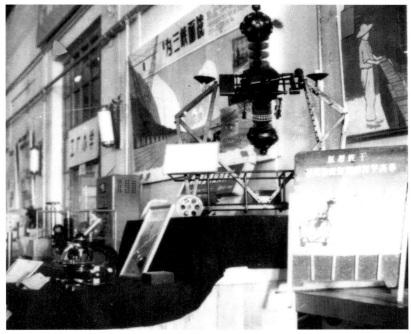

苏联专家入校开展工作

1953年，第一批苏联专家入校，他们对学校进行了解后，与二机部和教育部全面协商，建议先建设11个兵工专业。学校在这些专业的基础上，先后组建了机械工程一系（武器系）、机械工程二系（弹药系）、机械工程三系（坦克系）、仪器制造系（光学、雷达系）、化学工程系（火炸药系）。在苏联专家的指导下，全校规范制定教学计划，保证了教学工作的正常进行。

1954年，第二批苏联专家入校，在他们的建议下，经上级批准，增设射击指挥仪、仪器制造工艺、药筒制造工艺三个专业，并在光学仪器专业增设航空光学仪器专业。

1955年，第三批苏联专家到校，进一步加快了兵工专业建设的速度，在原有专业的基础上又开始了高炮指挥仪、药筒设计与制造等新设专业的建设。

▲ 苏联专家正在热情地指导我校青年教师进修

▲ 苏联专家米德维捷夫正在仪器系亲自指导实验

北京工业学院校报　1957年11月6日　第63期　2-3版

向苏联专家学习的几点体会

1957年8月3日　　第48期　　第2版

我院第四专业苏联专家库里克夫同志于1955年夏到我院工作，今年5月回国，因为工作上的关系，我是与专家接触最多的人，因此也是向专家学习最多的人。在专家已经完成任务回国的时候，我想谈谈我向苏联专家学习的点滴体会。

本文的目的是说明苏联专家对我们帮助的情形，和我们向苏联专家学习的经验。以下分为三点来讲：（1）苏联专家对我们的帮助。（2）苏联专家的工作作风。（3）向苏联专家学习的经验。

一、苏联专家对我们的帮助是全面的而又是细致和具体的

库里克夫专家来时，我们是既无教材又无设备，只有八个教师其中七个是外行，如何建立第四专业和开出专业课我们全是陌生的。专家来后首先帮助我们开出三门专业课，其中一门由专家写出讲义，并向教师们重点讲授，其余两门在专家指导下开出。与此同时，给我们写出实验室的设备计划。在添置实验室设备工作上，我们遇到很多困难，进行并不顺利，专家是不厌其烦地一再向我们强调实验设备的重要性并教导我们如何去争取实验设备，并且专家还亲自到全国各地帮我们寻找实物模型。当实验仪器来到后专家又亲手教给我们如何使用和如何做实验。在准备同学的毕业设计时，从选题目、下厂收集资料，到如何指导同学做毕业设计，都是专家手把手教给我们的。在做的过程中，专家又亲自给同学答疑。专家对工作是非常认真的，由一件小事中可以看出。在毕业设计快完的时候，发觉一个同学把图画错了，告诉他改。过了两天，专家不放心，到教室去看，果然同学未改，他就当面告诉他如何改，而且看着他改正。在修订教学计划时，专家给我们详细解释每门课程的作用，对于我们还不熟习的专业课程，如无线电基础和自动控制等课程，又帮助我们定出教学大纲。对教研组的其他工作，如指导生产实习、指导研究生、培养青年教师及开展科学研究等，专家都给以具体指导，其中特别是培养研究生，专家关怀得更多，所举出的是比较重大的，此外还有很多，就不详述了。由此可以看出库里克夫专家给我们的帮助是由细微到巨大，由原则到具体，包括了全部教研组工作。虽然只有两年的时间，我们全组教师由原来完全不懂专业，初步掌握了专业，熟习了全套教学方法，能够开始独立工作。

库里克夫专家在工作中是顽强的，不怕困难的。拿寻找无线电引信来说，就是一件不太容易的事情。我们的实物模型中没有这种引信，为了帮助我们找到它，专家根据他的判断说：美帝曾在朝鲜战场上用过，所以在我们国内定有这种缴获品。可是到那里去找呢？中国这样大，找这么小的东西，实在不容易。专家又是外国人，不熟悉中国情况。但是我们的专家并不怕这一切困难，他由华北到华中，到东北的各地去找，并且逢到有关的人就打听，最后终于得到线索，为我们要到这种引信。要到以后，就要研究它的构造和性能，在这方面现在还没有发表出来的现成资料，专家就靠他的双手，拆开引信的各个零件，分辨零件的作用，找出它们中间的联系，并测定它们的主要性能，最后作出这种引信的构造及原理。这一工作不但帮助我们解决了一个很重要问题，而且也给我们在处理工作上和科学研究上留下一个很深刻的良好影响。

二、苏联专家的工作作风

经过两年与库里克夫专家的朝夕相处，看出在专家身上具体体现出一个共产主义科学家的品质，在工作中表现的作风，对工作勤恳不倦，处理问题具有高度政治思想性，对学术问题的科学家态度，以及对人的诚恳可亲，并且一直深切关心着我们专业的发展，和关怀着青年教师的进修和成长。以下举几件事实来谈。

专家刚来时，一切问题都等他来帮助解决，他是很忙的，他要指导教师们开出三门专业课，帮助开出第一次课程设计，帮助教师作实验室计划，亲自指导五个研究生，每天找他谈话和答疑的人要占去多一半的时间，而他在百忙中在半年内写出一本完整的引信设计讲义。由此可以看出专家是有着极高的工作效率和非常勤恳的劳动。专家来的两年中一直是很忙的，尽管这样，也从未拒绝临时找他谈话或答疑的人，同时他要做的工作仍是依次完成。有时在实验室中帮助我们试做实验，仪器发生故障，他就亲自动手修理，不管超过下班时间多久，他总是要做完才走。这样的事例是很多的，专家对于帮助我们的工作是热心的，不管是在计划之内的工作或是临时找他的，他都积极帮助从未显出疲倦。相反地倒是有时我们找他少了，他就对我讲，你们只利用了专家的十分之一，没有有效地发挥专家的作用。

我们向专家问过很多学术问题，他在讲解这些问题时都是以严肃认真和重视实验的科学家态度。例如谈到引信的构造作用时，他都是这样告诉我们，像引信这样小而紧凑的机构中，不会有任何一个零件是多余没用的，每个零件上也不会有任何一个孔或凸起是多余的。在他分析各种引信的构造

▲ 苏联专家弗多托夫正在和教师们研究教学问题
北京工业学院校报　1957年11月6日
第63期　2-3版

▲ 魏院长和师生们热烈欢送苏联专家弗多托夫回国，感谢他对我院的帮助，请他把我们的感激、敬意和友谊带给全体苏联人民
北京工业学院校报　1957年11月6日
第63期　2-3版

◀ 苏联专家扎卡兹诺夫在为我校学生授课，左为我校青年教师担任课堂翻译

作用时总能很精辟地做到这一点。在讲到某些理论问题时，他强调对这些理论的结果要用实验方法来证实。他给我们讲过很多特殊的实验方法。他对老师们开展科学研究的指导时说，研究的题目要结合中国生产的需要，在研究过程中要注意实验方法。

此外在解决教研组的行政工作问题中，专家的意见都是富有政治思想性，例如对建立实验室的问题，他的主张是既要现代化的实验室，又要精简节约。在解决实验室的某一特殊建筑问题时，他先提出很多方案和基建办公室的工程师商量，他的意见是，这些都合乎我们的要求，要基建工程师去选择合乎节约的一个。专家很注意培养青年教师的工作，他经常讲如何发挥青年教师的积极性，如何引导青年教师的进修到正确方向。有几次专家对全组教师作报告，讲到四专业发展的方向，正确看待发展方向要考虑到中国的实际情况和事物发展的规律，要全面看问题，不能很简单地认为新的一定要发展，而旧的全要被淘汰，以致在进修工作中有赶时髦的倾向。对于实验员闹情绪，不安心工作的问题上，专家也很有系统地给我们讲解决的方法。他说，首先应该肯定实验员的重要性，没有实验员实验室的工作就无法进行，我们应该重视他们的进修，使他们感到在这里工作有前途，还要经常注意他们的工作，不要让他们感觉无事可做。总之他认为在一切领导工作上，政治思想工作很重要，要做好这一环才能推动工作，才能把工作做好。

库里克夫专家的生活是多方面的，他是一个科学技术工作者，他也注意艺术的修养和爱好，他懂音乐，也能画艺术画，到中国不久就能欣赏中国的国画。他也这样来劝我们，有一次对青年助教讲话，他说作为一个好教师不仅要把功课教好，而且要能回答同学们提出的文娱方面问题，如果同学问最近演的某一个电影好不好，你的回答是因为备课忙，没有去看，就不能算一个完好的教师，所以我们的苏联专家是一个科学工作者又是一个艺术爱好者。

三、向苏联专家学习的经验

我们的苏联专家已经回国了，我们向专家学习过程中有过很多缺点，现在来总结经验，对我们教研组来说已经晚了，但是仍愿提出来，作为我们自己的检查，和供大家参考。我们认为要达到很好地向专家学习的目的，必须做好以下几点：

（1）全面地向苏联专家学习。这一点院长曾对大家讲过，而且也要求过，在苏联专家回国后，各教研组要能掌握全部教学过程。但在实际做的过程中就不那么容易了，拿我们的情况来说，专家来时我们已有了五年级同学，专业课要开，毕业设计、毕业实习都要做，这些我们全是不会的，所以在我们头脑中认为重要的是这些，向专家提出的问题也是与这有关的。虽然专家一再提醒我们和督促我们要积极争取实验设备，虽然我们在这方面也多少做了一些，但是因为努力不够和很多客观困难，这些设备也就迟迟未到，又因为拿没有设备作借口可以缓开实验，我们对于实验的学习就放松下来，后来在向专家学习各种理论问题时，知道了实验的重要性，不仅给同学开实验课要会做一些实验，而且在研究各种理论问题时也离不开实验。与此同时也来了一些实验仪器，我们就准备在专家指导下学习各种实验，但这时离开专家回国只有半年了，而且我们只有基本的实验仪器，还有很多辅助设备要自己做，我们集中了很多人力在这方面，也只做到在专家回国前的一月内开了几个较简单的实验。我们认为在教学工作中，实验的学习是我们最弱的一环。关于这一点，如果我们早就认识它的重要性而且及早努力的话，是可以避免的。所以为了做到全面学习，必须在开始就认清全面学习的重要意义，作出适当安排，在大家齐心协力下才可以达到的。

（2）学习苏联专家的优良品质，和勤恳作风。前面已经讲过苏联专家的工作作风，他们之所以有这样的优良作风，是因为他们具有共产主义道德的品质和素养。对于知识分子来说，这种学习是很重要的，对于做教师工作的人来说尤其重要，以前自己认为改造不彻底，政治水平不高，对于同学不能全面负责，只能传授知识，这一直是很严重的缺点，所以在向苏联专家学习时，就有政治和业务的双重目的，而且因为与苏联专家经常接近，容易受苏联专家的熏陶，也就有条件学好。但是一般人往往忽视这方面，而只注意向专家学习业务，这是不对的。要做好这方面的学习，只有随时随地注意苏联专家的工作作风，并在我们处理工作时联想到苏联专家的态度和作风。例如我们看到苏联专家对我们的工作，热心负责和勤恳不倦，是什么原因使他这样做呢？而我们自己在工作中会常想到许多个人问题，因而降低了为建设社会主义事业的热心，影响了工作效率，无疑的这是人生观的问题。因此也可以联想到许多其他方面，如热心帮助别人，关心别人的进步等。我们都有一个做好人的愿望，所以在和专家接近时要学到他这方面的优点。

（3）要有计划地向苏联专家学习，最初我们也订过向专家学习计划，那只是形式的计划，为了向上级交而做的。其中规定着何年何月在专家指导下写出几份教学法指导书，何年何月开出几个实验等等。而真正要向专家学的学术问题和教学工作上的问题并未列入，如何学法更没有了。这就造成计划是计划，实际做的又是一套，我们因为没有一个切合实际的学习计划，工作上要乱，因而影响了全面学习，同时还经常打乱专家的工作计划。根据我们的经验，要做好向专家学习的计划，不仅要安排好主要学习的内容，而且要估计到所有能影响学习的各种因素，为了学习好，这都是必要的。

（4）向苏联专家学习时要发挥独立思考的精神，对于专家回答的问题，要经过自己的思考弄清楚专家的意见所以成为正确的原因在哪里。在问问题时，要把我们的意见同时提出来，例如在修订教学计划时，我们先要自己思考，提出自己的方案，使专家便于了解我们的想法，他就会告诉我们的意见有何缺点，然后能详细地解释我们所不清楚的问题，比简单地请专家代替我们做要好得多。我们要学习专家思考问题的方法，而不仅限于问题的本身。

向苏联专家学习的经验告诉我们，向苏联学习这一方针是正确的，我们依靠了它，获得了高等教育教学改革的伟大成就，在我们学校中，也由于苏联专家的帮助，各个专业都建立起来了。我们相信凡是向苏联专家学习过的人，都会更坚定了向苏联学习的信心，我们要坚定地继续向苏联学习，一直到创造出我们自己的完整的独立的科学。

作者：李维临

▲ 1959年，苏联专家卡伊塔什与我院四系教师共同在校园植树

▲ 苏联专家的女儿参加校园植树活动并刻字留念

▲ 苏联专家列别捷夫和青年教师在一起

▲ 学院领导向苏联专家赠送礼品

▲ 苏联专家叶里扎维金在审阅课程设计的设计图

苏联专家米舒金的讲话

1959年10月9日　　第193期　　第3版

亲爱的同志们，朋友们！

请允许我以苏联专家们及其家属和我自己的名义，向您们并且通过您们向全中国人民热烈地祝贺光辉的中华人民共和国成立十周年，祝您们在中国的社会主义改造和社会主义建设中获得更大的成就！

请允许我向您们，北京工业学院的全体同志们热烈祝贺学校成立十九周年，祝您们在为中华人民共和国国民经济各个部门培养水平很高的干部方面，获得更大的成就。

中华人民共和国成立十年以来，中国人民在国家的改造工作方面所取得的成就是十分巨大的。您们都知道，工业产品的总产量提高到了11.5倍，农业产品的总产量提高到了2.5倍。在教育事业方面所取得的成就也是巨大的，例如在1958年，小学校的学生人数达到了8600万（占学龄儿童的85%），中学学生人数达到1200万，大学学生人数达到65万。

1958年，有6千万人摘掉了文盲的帽子。

1958年，全国高等学校的总数达到了828所。

不过，由于国民经济以世界上空前未有的高速度在向前发展，到现在为止，高等学校培养出来的专家还不能满足国民经济的需要，所以，在大量培养专家及提高其培养质量方面，中国各高等学校还面临着没有解决的问题。

从整个国家培养工程干部的总任务来看，人数众多的作为先进的重点学校的北京工业学院，在为国民经济的最重要部门——国防工业——培养干部方面，担负着特别重大的任务。

应当指出，北京工业学院在初成立的几年中，工作条件是极端困难的（教室设在窑洞里，缺乏科学干部、实验室和设备等等）。但不管条件如何困难，还是为解放区的军事工业培养了许多干部。

北京工业学院现在已经成了国内最大的高等学校之一，有着许多水平很高的教师和科学工作人员，有着大量的学生，他们都能正确地理解中国共产党的总路线，都热情地希望着掌握现代的科学技术知识。学校已经有了很好的物质技术基础，并且这方面，还在不断地发展和改进。

学校正在以飞跃的速度培养着新技术——尖端技术的干部。

毫无疑问，为了报答党和政府的关怀，北京工业学院在为中华人民共和国在科学技术各个领域尽快赶上世界水平方面，一定能作出很大的贡献。

今天我们全体——中国同志们和苏联专家们——共同来庆祝双重的节日：中华人民共和国建国十周年与北京工业学院成立十九周年。请允许我再一次以苏联专家们及其家属和我自己的名义衷心地向您们祝贺这个具有重大意义的日子，并且祝您们在崇高的事业——培养又红又专的干部、社会主义类型的干部的事业中，取得更大的成就！

中国人民的指导力量和领导力量中国共产党及其领袖毛泽东同志万岁！

中苏两国人民永久的牢不可破的友谊万岁！

北京工业学院校报

忆鲁西诺夫专家

1959年11月7日　　第197期　　第4版

一九五八年九月，苏联光学专家、三次斯大林奖金获得者——采·米·鲁西诺夫教授来到了我院，给我们传授他三十多年来所积累的光学知识。

他刚一到校，便热情地投入了工作，除了讲授他多年的经验总结——两门专业课程外，还指导几个科研小组进行光学设计和检验仪器的设计与制造。在前后短短的五个月中，给我们留下了极其深刻的印象。

鲁西诺夫专家第一个最突出的特点，是在科学上不畏艰难、大胆创造。由于他三十年来不怕失败，别人没有搞过的，他去搞，别人没有想的，他去想，在长焦距和绕角光学系统的研究方面，都取得了卓越的成就。在指导我们设计的几项科研中，也多数是一般人很少研究的题目。专家曾不止一次地对我们说，"在科学上要想取得成就，就必须勇敢，要有强烈的学习愿望。"

在理论联系实际方面,他也是很突出的。他除了有渊博的科学知识外,还有熟练的生产技术。木、钳、机工及装配工作,他都能干。时常卷起袖子,亲自到机工车间加工零件,到实验室做实验。到长春、昆明、武汉等地讲学期间,他不但传授了很多知识,并且解决了很多实际问题。由于他重视理论联系实际和科学的实践活动,因而在科学水平上能够迅速提高。

在对待工作上,他有着高度的热情和责任感。每天都是提前上班,而晚下班。有时晚上还给我们答疑。工作时遇到困难,也很乐观。在制造检验仪器时,由于原材料一时供应困难,他就亲自到库房、车间、废品堆里去找。看到我们计算量重时,就建议我们将六位对数表换成五位对数表,使计算简便。专家到长春讲学时,想到我们在某个仪器上缺少零件,还给带来几个零件,这是多么高度的责任感!

鲁西诺夫专家,不但在科学上有很高的成就,而且是一个多才多艺的人。对游泳、音乐、跳舞、雕刻,他都爱好。在我院工作期间,他利用业余时间,还做了二首华尔兹舞曲,并亲自用钢琴演奏。还时常用业余时间,进行象牙雕刻。他会工作,又会休息,所以五十岁的人了,还精力充沛,工作效率很高。

专家虽然回国了,但已给我院作出了很大的成绩。除传授了我们精湛的科学知识,提高了我们的专业水平外,还培养了我们独立工作能力,明确了今后研究方向。他的无产阶级的高贵品质,是值得我们永远学习的。

▲ 仪器系师生与苏联专家鲁西诺夫合影

作者:仪器系组 许社全

一位苏联专家的生活片断

1959 年 11 月 7 日　　第 197 期　　第 4 版

虽然我随专家担任翻译工作的时间不长,但足以感到每位苏联专家都是优秀的专家,是我们学习的榜样。现在我所介绍的,是一位苏联专家的生活点滴。

一丝不苟的工作态度

专家对待工作一丝不苟,对自己和对待别人都要求非常严格。平时总是按时上班,按时下班。偶尔因事晚到几分钟,工间操时间就不再休息了。按照他自己的话说,"没有足够的工作,就没有休息的权利。"他为了把课讲好,不仅多方面搜集资料积极备课,而且将各种图表、原理及有关照片摄成幻灯片,准备在课堂上放映。专家看出不对的地方,都要提出适当的批评和建议。

谦虚的工作作风

专家干劲十足,一次为了要完成任务,竟从上午九点一直工作到下午两点。但他还谦虚地说,"中国人民的干劲很大,我应当很好学习。"专家知识渊博,平时善于用极普通的例子说一个很深的科学问题,但还说,"我知道的太少,需要很好学习。"

亲切的教导,热情的帮助

专家知道我们的专业还年轻,师资还很薄弱,工作中会有不少困难,就对我们讲,"共产党员就是从困难中锻炼出来的,现在的困难,就是将来的胜利";"现在还缺少自己的专家教授,将来你们就是很好的专家、教授。"给我们以很大鼓励。并教导我们要刻苦钻研,大胆创造,只是学别人走路是不行的,要学会自己走路。专家知道我翻译水平低,没有学过专业知识,担心不能胜任工作后,就对我说,"知识浅,这是个缺点,但要努力学,就很快能成为一个好的翻译员。"并经常纠正我说俄语的错误,给我讲电工知识。

良好的生活习惯

专家很注意锻炼身体,在工间操时间,经常带头做操,还做鸭子走路、跳凳游戏等活动。专家的爱好也是多方面的,有一次到他家做客时,他给我们放映了自制的幻灯片,听到了他豪放的歌声、热情的朗诵。

作者:专家办公室　吕康平

"京工特种民兵师"成立

▲ 京工特种民兵师威武雄壮,斗志昂扬,时刻准备,捍卫祖国
京工画报 1959年7月

北京工业学院 校报

勤学苦练　文武双全　保卫祖国　保卫和平
京工特种民兵师隆重建军

1958年9月17日　　第139期　　第1版

　　本刊讯：中央提出了"全民武装、人人皆兵"的号召以后，我院全体师生员工都感到非常的振奋，特别是美帝对我国进行新的战争挑衅以来，大家更是迫不及待地要求组织起来，学习军事本领，随时准备，消灭侵略者。9月15日，我院隆重地举行了北京工业学院特种民兵师的建军大会。大会在雄壮的中国人民解放军进行曲中开始。首先，由北京市兵役局局长封云潘上校宣布正式成立北京工业学院特种民兵师的命令，任命党委第一书记、院长魏思文同志为师长、党委第二书记刘雪初同志为政委。接着，开始授军旗。封云潘局长把一面鲜红的京工特种民兵师的军旗授给了魏思文师长。魏思文师长把七面团旗分授给各团团长，把文工团团旗、军乐队队旗授给文工团长及军乐队长。

▲ 特种民兵师的机枪手们雄赳赳、气昂昂，决心为保卫祖国、捍卫和平而斗争

封云潘局长及魏思文师长在会上讲了话。他们勉励全体指战员,要勤学苦练,把自己培养成为又红又专、能文能武的多面手,做一个名副其实的战士,随时准备消灭侵略者,捍卫我们神圣的祖国。

一团团长蔡家华、五团副团长于惠阶、七团团长张建及六团战士代表曾敏修先后在会上表示了他们的战斗决心,提出了要以中国人民解放军战士的标准来严格要求自己。

全师指战员在刘雪初政委的引导下,齐声向伟大的中国共产党庄严宣誓:一定学习解放军的光荣传统,一定做到"组织军事化,行动战斗化,生活集体化",时刻准备,响应祖国的召唤,为实现共产主义而奋斗。

接着,进行了阅兵式。魏师长和刘政委在阅兵总指挥、师副参谋长史尔公的陪同下,乘坐两辆敞篷车,检阅了各团严整的队列。阅兵式之后,开始了分列式。走在全师最前面的是摩托化部队,接着是各团的队伍,走在最后面的是一团的炮兵部队。三团的坦克部队也参加了阅兵式。各团指战员们队列严整,容光焕发,迈开矫健的步伐,雄赳赳气昂昂地通过主席台前,显示出他们保卫祖国、保卫和平的坚强的意志和雄厚的力量。最后全师合唱战歌"我是一个兵",高呼:勤学苦练,文武双全!时刻准备,捍卫祖国!反对美帝侵略,保卫世界和平!美国军队从台湾滚出去!

▲ 一团女机枪手整齐列队,庄严宣誓

▲ 特种民兵师的摩托化部队

北京工业学院校报

北京工业学院特种民兵师誓言

1958年9月17日　　第139期　　第1版

我们谨向伟大的中国共产党庄严宣誓：我们一定永远做党的忠实儿女，一定学习中国人民解放军的光荣传统，做祖国的忠实卫士。

一定做到"组织军事化、行动战斗化、生活集体化。"

一定努力提高共产主义觉悟。

一定努力工作、努力生产、努力学习。

一定勤学苦练，积极掌握军事本领，做能文能武的多面手。

我们时刻准备着：响应祖国召唤，为保卫祖国、保卫和平、实现共产主义而奋斗！

我们决心在党的领导下，在毛泽东的红旗下胜利前进！

▲ 特种民兵师建军大会主席台

▲ 特种民兵师建军大会上严整雄壮的各团队列

▲ 特种民兵师的步兵部队

▲ 特种民兵师的坦克装备

▲ 特种民兵师的火炮装备

京工画报 1959年7月

▲ 特种民兵师师长魏思文（院长兼）、政治委员刘雪初（党委第二书记兼）在检阅民兵师队伍

▲ 中央军委对我院的民兵工作给予很大重视。这是总训练部在我院召开现场会议，张爱萍上将在会上讲话

▲ 学好本领，保卫祖国，战士们在进行步兵操练

▲ 女机枪射手正在学习机枪射击

京工画报　1959年7月

▲ 1958年国庆前夕，我院特种民兵师在进行操练，准备在天安门前接受党和毛主席检阅

▲ 广大师生热爱国防体育运动，我院优秀运动员李志广曾在第一届全国运动会上荣获50公里摩托越野赛冠军。这是民兵师的摩托队在进行特技驾驶

▲ 民兵师的女射击手，在进行实弹射击

▶ 练好本领，建设祖国，保卫祖国，我院特种民兵师整装出发，到野外去演习

京工画报　1960年5月

1959年，首届校庆隆重举行

北京工业学院 校报

贵宾和校友济济一堂
祝贺我院第一届校庆

1959年10月9日　　第193期　　第1版

本刊讯：10月3日，正当全国人民欢度伟大的建国十周年之际，我院1959年校庆来临了。经过全院师生员工的努力，校园面貌已焕然一新，披上了节日的盛装。

和全院同志们一起参加校庆活动的，有军委、国防部、第一机械工业部、教育部和中共北京市委的领导同志，有各有关工厂及兄弟院校的负责同志，还有在我院工作的苏联专家。在北京及外地的200多位校友，也兴高采烈地回到了自己的母校。

隆重的庆祝大会在上午十时举行。在我院院长和党委书记陪同下，登上主席台的有中国人民解放军副总参谋长张爱萍上将，第一机械工业部钟夫翔副部长、刘寅副部长，国防部科委秘书长安东少将，军委装备计划部张振寰副部长，国防部第五研究院王铮院长、刘有光政委，中共北京市委宣传部部长杨述同志、大学科学工作部副部长宋硕同志；还有第一机械工业部机关党委书记杨新同志，第一机械工业部佟磊局长、周局长、王弼副局长，教育部教学第一司马司长；还有中国人民解放军陆海空三军科研技术部部长，工程兵研究所所长、副所长，以及北京航空学院王副院长，太原机械学院侯副院长，北京外贸学院王副院长，第二坦克学校马骥副校长等贵宾；登上主席台的还有我院苏联专家米舒金等同志。当他们走上主席台时，全场响起了暴风雨般的掌声，表示热烈的欢迎。

庆祝大会在魏院长主持下开始。奏国歌以后，魏院长首先代表全院师生员工热烈欢迎前来参加校庆的首长、来宾、苏联专家及校友同志们。接着，魏院长简略地介绍了我院的校史，并概括地总结了十年来所取得的巨大成绩。魏院长致开幕词后，军委张副总参谋长讲话。他要求我们具有更高的文化科学知识和更高的政治质量，要求我们无条件地忠于党、忠于祖国人民和社会主义、共产主义事业。他号召我们经常地进行自我改造，做一个国防工业建设者。同学们对张副总参谋长的谆谆教导，报以雷鸣般的掌声。

一机部钟副部长在讲话中向同学们提出了三点重要指示。第一，要用马列主义毛泽东思想武装自己的头脑。他说，没有很好领会毛泽东思想，一有风吹草动，就会迷失方向。其次他要求同学们要精通技术，在国防现代化中创造更优异的成绩。钟副部长还要求同学们有健康的身体，像生龙活虎一样。最后，他希望全院同志举起毛泽东的旗帜高歌猛进。

市委宣传部部长杨述同志在讲话中赞扬我院教育质量大大提高了。他说，党的教育方针在京工不仅开了花，而且结了果。他希望我院同志们深入贯彻党的教育方针，认真学习党的八届八中全会文件和马列主义、毛泽东的著作，加紧思想改造，继续努力，争取更大进步。

苏联专家米舒金同志在讲话中指出：中国人民在建国以来所取得的成就是伟大的。在教育事业方面也取得了巨大的成就。航空学院王副院长和校友代表陈同英都在会上讲了话，祝贺我院所取得的巨大成就。大会始终充满着热烈而庄严的气氛。最后军乐队演奏校歌。上午 11 时半礼成。

▲ 校庆期间，举办了展览会、学术报告会，检阅了学校各项工作的成就

▲ 校友们从祖国各地来到母校，同欢共庆。这是校友们在校园内留影

1959年10月3日，全院同志怀着无限兴奋的心情，热烈地庆祝我院校庆，决心继承和发扬我院的革命光荣传统，为社会主义和共产主义的教育事业而奋斗
京工画报　1960年5月

▲ 锦上添花,美不胜收,师生们怀着无限的激情行进在庄严美丽的校门前
北京工业学院校报　1959年10月3日　第192期　1版

▲ 1959年，我院第一届校庆期间，学生合唱队在演唱"校史大联唱"

▲ 在庆祝第一届校庆晚会上，京工文工团演出了精彩的文艺节目

北京工业学院 校报

发扬革命传统，争取更大光荣
—— 热烈庆祝我院第一届校庆

1959年10月3日　　第192期　　第1版

正当全国人民以无比兴奋的心情，欢庆建国十年来所取得的史无前例的伟大成就，并且沿着中共八届八中全会指出的光辉道路奋勇前进的时候，我们北京工业学院举行第一届校庆，真是双喜临门，其意义是十分重大的。

校庆是学校成就总检阅的节日。通过校庆的庆祝活动，总结我院历年来在党的正确领导下所取得的辉煌成就和丰富的经验；并通过校庆，加强与各方面的联系，取得各方面的支持，特别是能够听到上级首长对我院各方面的工作的指示，和来宾们校友们所提出的宝贵意见。这对于我院今后的发展和提高，无疑将起着重大的推动作用。回顾我们学校的历史，是光辉灿烂的历史，是在党的领导下，适应革命事业的需要，从小到大、从一般专业到国防专业的战斗的历史，是从胜利走向更大胜利的历史。

◀ 中国人民解放军副总参谋长张爱萍上将在庆祝校庆宴会上，为我院在党的领导下所取得的成就，举杯祝贺
京工画报　1960年5月

▲ 参加第一届校庆的来宾们在为校庆题词

　　我院的前身是1940年在延安成立的延安自然科学研究院。我们学校是在党中央的直接领导下，在革命怀抱中诞生、成长、壮大起来的。一贯遵循着教育为社会主义建设服务的方向，紧密地配合革命斗争，曾培养了大批的德才兼备的科学技术干部，支援了抗日战争、解放战争和社会主义建设事业。其中有许多人已经成为工业战线上的积极组织者和领导者。我们学校一贯重视加强党的领导，重视政治思想工作，贯彻教育与生产劳动相结合、理论联系实际的教育原则。因而，具有热爱劳动、艰苦朴素、遵守革命的组织纪律，团结友爱、联系群众等优良的革命传统。这是值得我们引以为自豪的。

　　我们学校从诞生以来，特别是建国十年来，在党的正确领导下，经过了历次革命运动的考验和锻炼，在政治思想战线上，以及在教学、科学研究，生产劳动等各方面，都取得了辉煌的成就，学校的面貌发生了深刻的变化：由一个设备简陋的、规模较小的一般工业学校，变为一所社会主义的、规模宏大的、综合性的现代化的国防工业大学。并且正在向着科学技术上的"高、尖、精"的方向发展，向着共产主义的高等国防工业学校阔步前进。

我们学校所取得的光辉胜利,是党的领导的胜利,党的社会主义建设总路线的胜利,党的教育方针的伟大胜利。

　　今后,我们要深入全面地贯彻执行党的教育方针,继承并发扬我们学校的优良革命传统,在建设社会主义的伟大事业中争取更大的光荣。同志们,回顾我们学校的过去是成绩辉煌,看看现在是欣欣向荣,展望未来是光芒万丈,我们的前途是无限光明美好的。我们继续鼓足干劲,力争上游,高举党的教育方针的光荣旗帜,为提高教学质量而奋勇前进!

◀ 参加第一届校庆的我校苏联专家们满怀兴奋的心情,在阅览反映学校建设面貌的《京工画报》

▲ 第一届校庆期间校友们在同学们的陪同下游览校园

北京工业学院 校报

校庆展览会上硕果累累琳琅满目
徐特立、许光达等领导同志亲临指导

1959年10月19日　　第194期　　第1版

本刊讯：反映我院建设成就的校庆展览会已于本月14日胜利闭幕。展览会从3日开始展览以来，先后有二万人次参观。中共中央委员徐特立同志、国防部副部长许光达大将以及军委有关部门、一机部、教育部、市委等领导同志都亲临指导，认真地参观了展览会。参观展览会的还有在我院工作的全体苏联专家、兄弟院校、机关、工厂的同志。

校庆展览会共分六个馆：总馆、政治思想馆、教学馆、科学研究馆、生产馆、行政工作馆。内容十分丰富，比较全面、系统地介绍了学校的发展过程，以及十几年来，特别是一九五八年以来，学校各项工作所取得的巨大成就。许光达副部长参观展览会后在留言簿上写道："参观了你们的展览会，表明了你们坚决贯彻执行了党的路线方针，获得了很大成绩。我们很高兴。"许多来宾参观了展览会之后，看到这所在党的直接领导下成长、壮大起来的红色高等工业学院，都非常兴奋。从各地来的校友们，这次回到母校，都为学校如此飞快的发展感到欢欣鼓舞。许多校友在展览会里，兴奋地谈论着学校教育工作的质量有了显著的提高，毕业生的质量、数量一年比一年提高。他们表示：看到母校的飞跃发展，更加激励了自己的干劲，今后在工作岗位上，一定要很好地继承和发扬学校的光荣传统，为祖国国防工业建设贡献出更大的力量。

我院广大师生员工参观展览会更是踊跃，有的人一连看了几次，深为学校各项工作的飞跃发展和巨大成就而感动。大家一致感到，参观校庆展览会对自己进行了一次生动、深刻的革命传统教育、社会主义和共产主义教育，看了展览会，使自己再一次体会到党的英明、伟大，党的教育方针的正确和胜利。更加鼓舞了自己的干劲，更加坚定了贯彻执行教育方针的信心。许多同志不仅在留言簿上写下了自己的感想，还对学校的工作提出了建议。大家表示在党的领导下，团结一致，鼓足干劲，高举党的光荣旗帜，在党的教育方针的引导下，从胜利走向更大的胜利。

▲ 校庆展览会在主楼举行

▲ 徐特立同志（前排右一）参观校庆展览会

▲ 参观校庆展览会的人们正在争看无线电研究所试制的电视机所放映的文艺节目

◀ 校友们在校庆展览会教学馆内翻阅历届毕业生所做的优秀毕业设计和毕业论文

节日的礼物

无线电系献礼项目之一
——电视发射台安装完毕

1959年9月28日　第191期　第6版

装有两层蝙蝠翼的电视天线，高耸地屹立在主楼顶上，在阳光照耀下，银光闪闪，使主楼显得格外庄严美丽了。

包括天线在内的整个电视发射台是无线电系的国庆、校庆献礼项目之一，经过最后调试，目前已基本完工，能够发射图像和音乐了。整个发射台从开始设计、加工、安装到现在调试，仅用了两个月的时间。

七月份，无线电系电视小组的教师完成了一项科研任务以后，开始了这项黑白广播电视发射台的研究、设计和加工工作。原来打算利用旧有的基础，主要由54级同学边学边搞着的。到八月份才决定搞一套包括有图像发射机、摄像机、伴音发射机和天线的完整的电视发射系统。然而，这时候54级同学走了，只剩下四位教师和一位实验员，任务加重了。但是电视组的同志决心克服一切困难，把电视发射台安装起来，向国庆十周年和我院第一届校庆献礼。在党总支的关怀和支持下，由系里戚书伟、张德奇两位副主任领导，并从其他教研组调来一些人，大伙一起热火朝天地干起来了。

　　有时候困难总是使人难以预料的，在八月底，开始调试时，才发现由54级同学完成的图像发射机和伴音发射机的8个分机中，有6个不能正常工作，甚至不能工作，必须返工拆掉重装，同时发现天线设计也有错误，这样几乎使整个工作停顿了；而时间却更紧迫了，眼看就要开学了，新学期很多准备工作要做，怎样办呢？"国庆前能完成吗？"有的人开始失去信心了。"能！"一定能完成，并且要提前完成。他们彻夜不眠地干起来了：重装了图像和伴音发射机的6个分机，到广播科学研究所、广播事业局去查了资料后，研究讨论修改了天线的设计方案，第5教研组的张润泉同志也来支援，经过两昼夜，重新设计了声音调制器，并接着进行紧张的装置。电视天线的加工和安装工作也在齐头并进，第四教研组派来支援的蒋坤华同志，虽然不熟悉这方面的技术知识，但在他负责的天线方面的工作上表现了高度责任感，在院长和系领导的关怀和支持下，在北京建筑公司请来的建筑工人的帮助和指导下，同学们搞起高空作业来了，他们在天线顶尖安上避雷针，然后把两千多公斤重、高达18米的电视天线升起在主楼顶上。

北京工业学院 校报

五彩缤纷贺校庆，欢天喜地迎贵宾
我院校园面貌焕然一新

1959年10月3日　第192期　第8版

　　这几天，主楼前面成为全院最吸引人的地方。每天，同学们下了课，教师职工们下了班，都要来这儿看看。灯柱搞起来没有？牌楼安装得怎样了？今天，一切都顺利完工了：大门口两边是绿色铁栏的围墙，正门是金光照耀色彩夺目的牌楼，一对和平鸽衔着轻盈的彩绸展翅飞翔；火红的鸡冠花团团似锦，显得更为妩媚动人。八座米黄色的七花灯柱已全部装修完毕，给主楼增加了壮丽的景色。夜晚，这儿灯火通明、光辉灿烂，主楼四周和彩牌楼四周的灯球闪闪发光，描出一座彩排楼和六层大厦的绮丽轮廓。大厦前耸立的两个彩色大标语牌和大厦门楼上巨大的校庆纪念徽，这一切都表明了：一个伟大的节日马上来临了，她的脚步声越来越响了。主楼大厅里已安上了三个美丽的花灯，光辉夺目；各层楼道两壁已刷上了嫩绿色的油漆，使人有清静优雅之感。我们还能看到：横穿校园南北的臭水沟已填平了，洋灰路、人行道都接通了，教学区与宿舍区之间已安上了水泥柱竹篱笆的围墙。露天剧场的结构工程已完成了大部分。二十多天来的变化，多快啊！

　　二十多天来，全院职工师生日夜奋战。臭水沟改成暗沟时，买不着大的水泥管子，他们就用砖一块块砌；买不到号数合适的水泥，就买回原料自己调配。共产党员朱碧云同志负责材料供应，生病了还坚持工作，保证了材料供应。工地上，竞赛搞得热火朝天，水暖工老师傅亲自抡大锤。为了工作需要，很多人成了多面手，水暖工成了铆工，木工成了竹工……主楼南边的柏油马路铺路面时，干部处、总行科、会计科、供应科、计划科的职工同志，利用中午休息时间前来帮工，长达50多米的柏油路面一天就完工了。

　　基建处职工们还安装了5台锅炉，保证了工厂区和化工系楼的冬季取暖，修完南楼及580实验室的电气外线，与制图教研组配合完成了建校模型，给学校节约3000余元，还用人力、物力支援了各系献礼项目100余项。

　　当我们兴高采烈迎接国庆、校庆的时候，首先向为我们创造了良好环境的全体师生职工同志们，致以热烈的敬意和深切的慰问。

北京工业学院 校报

总结几年来建校成绩 促进今岁更大的进步
我院第一届校庆工作积极进行

1959 年 4 月 10 日　　第 173 期　　第 1 版

本刊讯：三月三十一日，院部召集有关部门的负责同志举行会议，具体讨论了关于筹备校庆的各项事宜。会上确定以尚副院长为首组成校庆筹备委员会，负责校庆的各项准备工作。

会议认为，校庆是庆祝学校诞生的日子。每届校庆就是学校发展壮大的里程碑。1959 年是我国社会主义建设更大更好更全面前进的一年，在这一年举行我院第一次校庆，意义是重大的。全院师生员工要以创造性的劳动，用教学、科研、生产等各个方面的更大更好的成绩，来迎接我院的第一届校庆。

会议确定，在 1959 年 8 月 1 日举行第一次校庆。届时将邀请校友、上级机关的首长、外宾、兄弟院校和有关厂矿及中等学校的负责人一起参加。校庆的主要活动内容有：①举办展览会，其中分为校史展览和成绩展览两部分，系统地介绍我院由 1940 年的延安自然科学院起到现在的发展壮大情况，全面反映学校几年来（特别是去年）在党的领导下，师生员工在政治思想、教学、科研、生产、文娱体育卫生、治安保密、行政工作等各个方面所取得的巨大成就。②举行报告会，其中有学术报告会、校友报告会。③展览出版的学报和文艺创作等等，颁发纪念册、画册、纪念章。④举行文娱晚会，演出水平较高的节目。⑤举行体育表演、民兵师表演。

会议要求把迎接校庆作为全面发展的行动口号。我院校容将全面改观，不仅整洁鲜明，而且壁画与绿化相映，美观大方。届时还要进行必要的装饰，使学校披上节日的盛装。务使通过校庆活动，总结和推动工作，鼓舞全院师生员工鼓足更大的干劲，为祖国国防工业教育事业作出更大的贡献。

北京工业学院 校报

校庆筹备工作正在积极进行

1959年7月31日　　第187期　　第1版

本刊讯：我院1959年校庆将于10月初举行。校庆的筹备工作，目前正在积极进行。

为了具体负责校庆的筹备事宜，全院成立了以党委书记、副院长尚英同志为首的校庆筹备委员会，以下又设立了若干筹备小组。校庆筹委会已先后召开了数次会议，使校庆的筹备方案逐步落实。

校庆筹备工作中的主要一项——反映我院建设成就、发展面貌的综合性展览会的筹备工作，目前正分教学、科研、生产劳动、政治思想教育、学生生活等部分，由各有关部门负责分头进行，预计于八月十五日左右进行初步检查，九月上旬大体定型。

党委对这次校庆筹备工作也极为重视。党委负责同志指示：这次校庆的筹备工作要认真进行，既要使今年的校庆搞得热烈隆重，更要注意有实际内容，产生很好的效果，防止单纯追求形式。要通过这次校庆对我们全院师生员工进行一次革命传统的教育，并推动我院教学、科研、生产等各项工作的深入开展。

▲ 负责筹备学生生活馆展览会的同志，正在积极收集展览资料

我院校庆筹备工作忙
举办报告会筹备展览馆

1959年9月11日　第189期　第1版

本刊讯：即将在十月初举行的我院第一届校庆，目前正在紧张地进行筹备工作。为了充分反映我院的建设成就，进一步推动今后的各项工作，负责校庆筹备工作的同志们，正在鼓干劲、想办法，决心把校庆筹备工作搞好。

在我院校庆时，将举行教学、科学研究报告会。现在，这两个报告会的内容已经初步确定，并写出了报告的初稿。从报告会的内容来看，是很丰富的，反映了我院当前的教学、科学研究的水平。例如，即将在教学研究报告会上报告的十几篇论文，都是在各教研组总结教学经验的基础上，精选出来的，包括了讲课、实验、课程改革、毕业设计、毕业论文，以及贯彻执行教育方针等各个方面的内容，这是对一九五八年贯彻执行党的教育方针的全面总结，又是深入全面贯彻执行党的教育方针，不断提高教学质量和学术水平的探讨。在科学研究方面，目前已写出的论文达八十万字，其中有根据研究的成果写成的指导性论文，有关于世界先进科学技术的综述。这些论文的作者有教授，有青年教师、学生。

以全面反映我院建设成就的展览会，共分校史、政治思想、教学、科学研究、新专业建设、行政工作和学生生活等七个分馆，目前正在由美工同志加工。为了使展览会更加生动、全面地反映学校在党的领导下，几年来所取得的巨大成绩，负责展览会的同志们利用假期，细致地拟订方案、搜集资料、筹备展品，并且多方面地征求意见，反复地修改，使展览会筹备得更加完善。负责校史展览会的同志，曾到校外搜集了我院前身——延安自然科学院的有关图片，并加以翻印、放大，从而便于我们在将来的展览会上，可以更形象地看到我院过去的光荣历史。

版权专有　侵权必究

图书在版编目（CIP）数据

京工岁月稠："画报"北理工1955—1960 / 北京理工大学党委宣传部组织编写；王征主编. —北京：北京理工大学出版社，2020.8

ISBN 978-7-5682-8826-2

Ⅰ. ①京… Ⅱ. ①北… ②王… Ⅲ. ①高等学校—校报—新闻事业史—北京 Ⅳ. ① G219.271

中国版本图书馆 CIP 数据核字 (2020) 第 143329 号

出版发行 / 北京理工大学出版社有限责任公司	
社　　址 / 北京市海淀区中关村南大街 5 号	
邮　　编 / 100081	
电　　话 / (010) 68914775（总编室）	
(010) 82562903（教材售后服务热线）	
(010) 68948351（其他图书服务热线）	
网　　址 / http://www.bitpress.com.cn	
经　　销 / 全国各地新华书店	
印　　刷 / 北京地大彩印有限公司	
开　　本 / 889 毫米 × 1194 毫米　1/12	出 版 人 / 丛　磊
印　　张 / 17	责任编辑 / 李慧智
字　　数 / 231 千字	文案编辑 / 徐艳君
版　　次 / 2020 年 8 月第 1 版　2020 年 8 月第 1 次印刷	责任校对 / 周瑞红
定　　价 / 136.00 元	责任印刷 / 王美丽

图书出现印装质量问题，请拨打售后服务热线，本社负责调换